I0391757

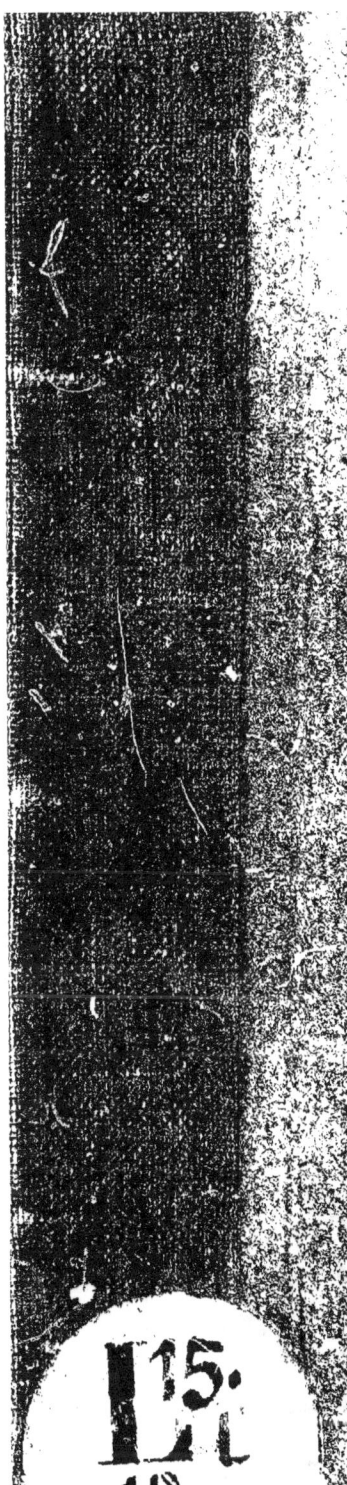

PARIS DANSANT

OU LES

FILLES D'HÉRODIADE,

FOLLES DANSEUSES

DES BALS PUBLICS.

LE BAL MABILLE, LA GRANDE-CHAUMIÈRE, LE RANELAGH, etc.

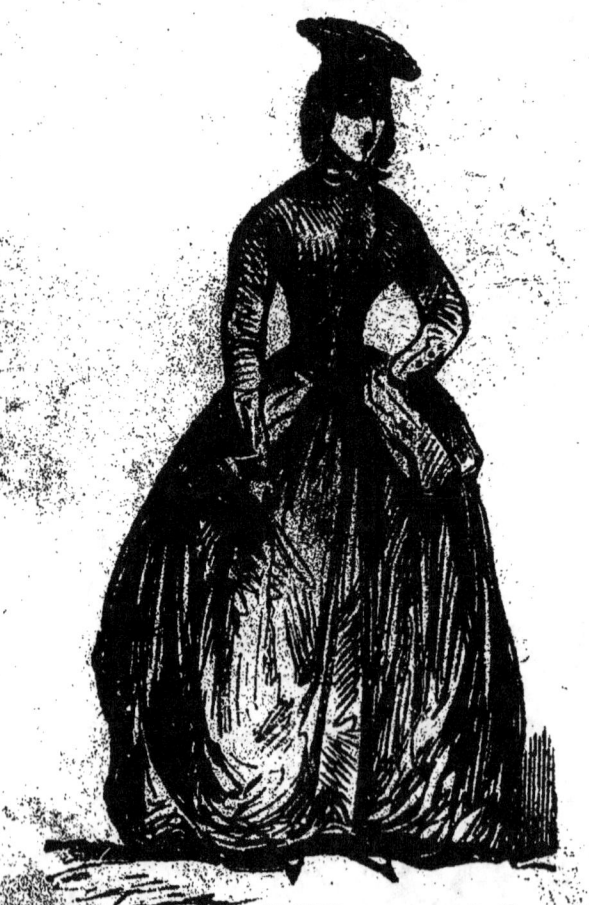

J. BRÉAUTÉ, ÉDITEUR, PASSAGE CHOISEUL, 39,
ET CHEZ TOUS LES MARCHANDS DE NOUVEAUTÉS.

1845

PARIS DANSANT

OU LES

FILLES D'HÉRODIADE,

FOLLES DANSEUSES

DES BALS PUBLICS.

Paris, Impr. de Paul Dupont.

PARIS DANSANT

OU LES

FILLES D'HÉRODIADE,

FOLLES DANSEUSES

DES BALS PUBLICS.

LE BAL MABILLE, LA GRANDE-CHAUMIÈRE, LE RANELAGH, etc.

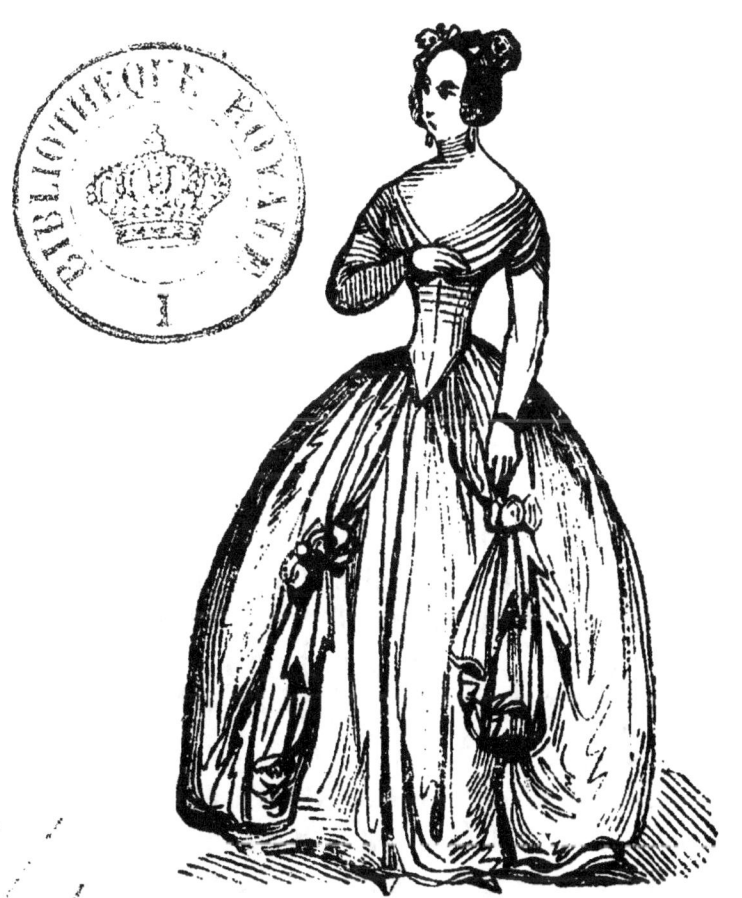

CHEZ TOUS LES MARCHANDS DE NOUVEAUTÉS.

1845

PRÉFACE.

———

...... Il ne faut rien de moins que Mme Albert et le canal Saint-Martin pour déterminer le Parisien à s'enfermer au mois de juillet dans les salles de spectacle ; la chaleur fait une rude guerre au théâtre, et les divertissements en plein air obtiennent une prépondérance marquée. Où va-t-on le jour ? A l'hippodrome, à Boulogne, à Saint-Cloud, à Saint-Germain, à Versailles. Où va-t-on le soir ? Au cirque des Champs-Elysées, au Château-Rouge, à Mabille, Mabille dont nous avons tant parlé, dont nous serions tenté de parler encore.

1

L'auteur de ce feuilleton avait recueilli dans l'allée des Veuves quelques observations. Il avait même révélé à ses lecteurs son intention de publier le résultat de ses méditations, sous ce titre : *Le bal Mabille, étude sociale*. Mais nous sommes devancés ; un inconnu nous a coupé l'herbe sous le pied : il paraît en ce moment chez tous les libraires de Paris, un opuscule intitulé : LES FILLES D'HÉRODIADE, *ou les folles danseuses des bals publics en* 1845. C'est notre sujet, ce sont nos idées.

L'auteur a voulu, comme nous l'eussions tenté, non-seulement amuser le lecteur en lui racontant l'histoire de Rose Pompon, de Maria, de Clara, et autres reines Pomaré, mais encore et surtout l'intéresser au sort des femmes jeunes et pauvres, le gagner à la cause de l'organisation du travail, le rallier s'il se peut aux points de vue de l'École sociétaire. L'auteur est manifestement phalanstérien, cependant nous ne le connaissons pas et nous en sommes enchanté. Ce symptôme atteste l'expansion toujours croissante des idées sociales. Loin de nous la pensée de monopoliser la science, elle ne saurait être vulgarisée par trop de voix.

Nous laisserons l'auteur des FILLES D'HÉRODIADE justifier lui-même son titre biblique, nous apprendre comment toutes les danseuses de l'univers descendent d'Hérodiade, lorette privilégiée d'Hérode.

Qu'il débrouille cette généalogie, c'est son affaire ; mais nous lui emprunterons un passage qui est une manifestation politique ; une attaque ouverte contre deux reines, Mlles Pomaré et Mogador. Il s'agit de leur enlever le sceptre du monde polkant pour l'attribuer à une Rosine inconnue dont on nous fait cet éloge.

. . . .

. . . .

Bientôt on la fêtera, on viendra verser à ses pieds les richesses du Potose, on l'habillera de soie, on emplumera son chapeau, nous la féliciterons d'être ainsi transfigurée ; cependant, elle nous permettra d'en gémir un peu, car alors elle sera *lancée*. Bien des mécomptes, bien des trahisons, des amertumes, des humiliations l'attendront dans sa nouvelle carrière ; hélas ! elle connaît déjà les déceptions de l'amour, comme le prouve ce joli couplet qu'elle a inspiré :

J'avais juré d'aimer Rosine ;
Je l'écrivis étourdiment
Sur une feuille d'églantine :
Souffla le vent ;
Il emporta la feuille et mon serment.

Bientôt, dans les fleurs qui seront offertes à Rosine, comme Cléopâtre elle trouvera l'aspic, et nous voudrions pour elle un bonheur sans mélange, car elle est bonne, elle a du cœur. Nous qui parcourons Mabille en observateur, qui nous interdisons toutes prétentions amoureuses, nous ne pouvons nous défendre d'une pure et sincère amitié quand nous rencontrons des natures semblables à celle de Rosine.

. . . .

. . . .

Le parquet de la reine Pomaré pourrait bien sévir contre une pareille provocation à la révolte.

Aucune recherche n'a pu nous apprendre quel était l'auteur anonyme des *Filles d'Hérodiade*.

(Feuilleton de la Démocratie *du lundi 14 juillet 1845.)*

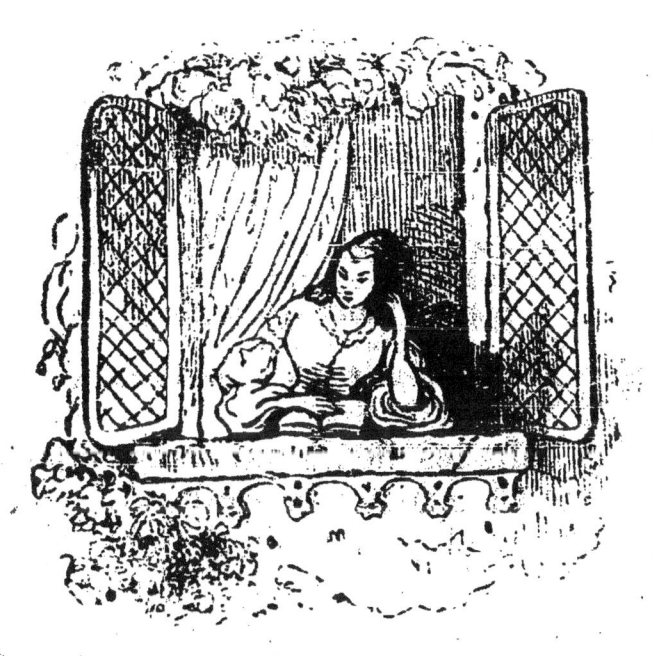

INTRODUCTION.

Les bals publics sont devenus fort à la mode l'année dernière, en même temps que les expéditions maritimes et les questions coloniales. Nous ne saurions expliquer ce rapprochement, car s'il est vrai que les arbres factices du jardin Mabille soient des palmiers, les danseuses qui embellissent ce riant séjour ne passeront jamais pour des sauvages ; mais il est certain que les dernières illustrations créées sous le feuillage de la Grande-Chaumière et de l'allée des Veuves, ont emprunté leurs noms et leurs attributs aux contrées lointaines. A l'exemple de Taïti, le jardin Mabille a possédé sa reine *Pomaré*, son ménage *Pritchard*, et la faveur publique a couronné des lauriers *de Mogador* une jeune fille qu'on pourrait appeler céleste.

Depuis neuf mois les bals publics ont inspiré des lithographies, des brochures ornées d'autographes ; ils ont rempli deux ou trois feuilletons dans les grands journaux. Un vent subit, en passant à travers les ombrages où règnent le père Lahire et la respectable madame Mabille, en a fait tomber, comme des fleurs de printemps, une pluie d'opuscules. Paris n'a pas oublié le *livre des Polkeuses*, ce *poëme* ÉTIQUE orné de gravures, et si bien recommandé par la touchante modestie des auteurs ; voici les vers inscrits par eux au-dessous de leur double effigie :

> De l'artiste et du poëte
> Vous voyez ici les traits.
> D'où vient donc qu'en leurs portraits,
> Ils ont l'air si triste et si bête?
> C'est qu'ils sont, sans doute, aux regrets
> De l'œuvre qu'ils ont faite.

Une confession de bêtise ainsi formulée n'est pas sincère et ne sera pas acceptée par les lecteurs. Paris n'a pas oublié, non plus, la *Physiologie du bal Mabille* par MM. Frey et Vitu, ni, surtout, l'*Almanach des écoles*. Ce petit recueil, dont nous attendons le retour à la nouvelle année, apprend à l'étudiant novice, quelles sont les lois et ordonnances relatives au baccalauréat ès lettres, aux écoles de droit et de médecine; l'almanach le guide à travers les vieux monuments du quartier latin, lui décrit la topographie de ces restaurants philanthropiques où le potage coûte 3 sous, le plat de viande 6 sous, le plat de légumes 5 sous, total 60 centimes, sans compter les maux d'estomac, qu'on ne met pas sur la carte. Le soir est venu ; nous ne sommes pas au mercredi ni au vendredi, jours néfastes où l'air de la polka nationale ne retentit nulle part, l'étudiant, pour écarter les fantômes de l'usufruit, de l'usucapion, de l'antichrèse et de l'emphytéose, peut choisir entre les bals du Prado, de Valentino, de la Chartreuse; il y joindra, si nous sommes en été, la Grande-Chaumière et Mabille.

L'Almanach des écoles est un guide aussi utile

qu'agréable qui suivra l'étudiant dans tous ces lieux de plaisance, et qui ne restera pas à la porte par scrupule, comme l'*Ange gardien* de Béranger.

On a déjà décrit les bals publics en vers et en prose, mais dans toutes les bluettes que nous venons de signaler, sauf peut-être l'Almanach des écoles qui mêle des idées sociales même à la biographie de *Clara Fontaine*, le bal public et ses héroïnes n'étaient qu'un sujet de plaisanteries, on cherchait à faire sourire un moment, sans instruire, sans intéresser le cœur.

L'esquisse que nous imprimons aujourd'hui est une œuvre plus sérieuse (puisse le lecteur ne pas dire plus ennuyeuse). Nous espérons, qu'en amusant, elle fera réfléchir et développera, dans les âmes, quelques germes de charité sociale. Les bals publics ont un côté joyeux et un côté triste, tous deux sont instructifs.

Quand nous le comparons au bal du bourgeois, au bal de l'individu, même dans l'aisance, le bal public qui puise les éléments de son luxe dans la bourse de tous les particuliers, nous fait comprendre par ses verres de couleur, par ses globes de gaz, par ses pavillons chinois, par son vif orchestre, la puissance de L'ASSOCIATION, cette fée qui doit transformer le monde.

Le bourgeois fait danser au troisième étage, sous un plafond bas, dans des salles étouffées, où les bougies des lustres et des candélabres disputent l'air à la respiration de l'homme; souvent les pelisses, les manteaux entassés à terre, dans une antichambre, sont rendus souillés, foulés aux pieds, après une heure d'attente et de recherches, quand ils sont rendus. Bien des invités, engravés dans la foule dès les premiers couloirs, n'arriveront jamais jusqu'au salon, et ne verront les quadrilles que de loin, comme Moïse entrevit la Terre promise. Partout on se coudoie, on s'accroche, on se marche sur les pieds.

C'est qu'un appartement construit pour loger une famille ne saurait, sauf exceptions rares, sauf les cas de fortune colossale, se changer en lieu de réunion et de plaisir. Je sais que le maître du logis, sa femme, ses enfants, ses valets se sont donné beaucoup de mal, qu'ils ont travaillé comme des manœuvres trois jours avant le bal pour démeubler leur appartement, qu'ils travailleront trois jours après pour tout remettre en place. Le lit de madame est au grenier, le bureau de monsieur est dans la cave; on a renfermé les chats; un grand miroir juché sur le poële en masque le tuyau; mais que voulez-vous? ces petits réduits, même dégarnis de meubles, ne seront jamais une salle de bal où la valse puisse tourner largement, où le galop se livre à toute sa fougue, où manœuvrent aisément des colonnes de polkeurs. Sous les demi-lustres appliqués ce matin par le tapissier, sous les banquettes, sous les fleurs, je reconnais une salle à manger de famille, une bibliothèque; je ne vois nul part un *temple de Terpsichore*, pas même dans cette chambre à coucher que les visiteurs inspectent si curieusement, entrouvrant les tiroirs de commode, décrochant du mur les souvenirs, écartant les rideaux du lit pour contempler les portraits de la femme et du mari dans l'alcove.

Comme le local, la musique du bal particulier trahit un effort impuissant de l'individualisme qui s'essouffle en voulant réaliser une œuvre collective. De jeunes personnes, bien sermonnées par des mères qui les couvent du regard, vont faire la queue près du piano pour y barboter des contredanses. Que de fois les danseurs inquiets, perdant la mesure, se retournent vers le malencontreux instrument! que de fois la maman qui *fait tapisserie* contre le mur, qui sue à grosse goutte sous son turban de cachemire, et qui s'endormirait profondément si l'épingle de sa broche ne la réveillait par intervalle en lui piquant le menton, que de fois la maman répond au regard accusateur de la foule par un coup d'œil foudroyant qu'elle lance à sa fille et qui achève de désorganiser l'orchestre!

Parfois, il est vrai, l'instrument sera tenu par un pianiste de profession qu'on exploitera sans limite, auquel on demandera, vers quatre heures du matin, des *grands-pères* sans fin et des *cotillons* interminables. On adjoindra peut-être à son supplice un artiste façonné aux exigences de la bourgeoisie ; celui-là sait qu'en payant deux musiciens elle veut posséder un orchestre, aussi joue-t-il successivement, et de temps en temps à la fois, du flageolet, du violon, du cornet à piston. Les bourgeois ne trouvent pas que ce soit encore assez. L'année prochaine, pour être admis à jouer dans les bals, il faudra, comme cet Espagnol que nous avons rencontré tous, s'attacher une flûte de Pan sous le menton, une guitare à la poitrine, une grosse caisse sur le dos, un triangle aux genoux, des cymbales entre les jambes et se coiffer d'un mirobolant chapeau chinois.

Quelquefois les pouvoirs officiels, la noblesse ou la banque donnent de grands bals avec orchestre complet, tentes, escaliers garnis d'orangers, draperies en velours ; mais la bourse de l'Amphytrion s'en ressent ; voilà de grands sacrifices ; on ne les fait qu'à son corps défendant. Pour le président de la chambre des Députés c'est l'accomplissement d'un devoir, et ce devoir n'est pas toujours accompli. Pour une famille ducale c'est le moyen de mettre en vue et de marier une laide héritière ; pour un avocat, c'est la méthode habituelle de fixer l'attention, de se gagner des collègues et de poser une candidature au bâtonnat ; pour un étranger riche, qui veut voir toutes les curiosités de Paris, y compris la bonne société, et qui n'a pas d'entrée chez elle, c'est le moyen infaillible de la faire venir chez soi ; pour un agioteur, c'est un coup de théâtre, une brillante décoration qui masque une faillite. Mais on ne fait pas de pareils déboursés sans un but, sans chercher à rentrer dans son argent, et beaucoup se mordent les doigts de l'avoir ainsi follement avancé.

Allez à Mabille, vous y trouverez, quatre fois par semaine, une fête plus joyeuse, un plus vaste local, un meilleur orchestre, l'orchestre de M. Pilaudo. Ce grand artiste ne voudrait confier l'exécution de ses polkas et de ses quadrilles qu'à des lauréats du Conservatoire. Il en a déjà quatre sous sa direction : Bohler pour la flûte, Trien pour le Piston, Heltrick et Tuberg pour la clarinette. Quel ensemble ! Pour subventionner ce luxe, il n'en coûtera que deux francs aux plus imposés, et les maîtres du logis, madame Mabille et ses deux fils, après avoir eu l'honneur et le plaisir de recevoir tout Paris, trouveront chaque matin leur bourse mieux garnie.

Ne parlez donc plus des individualités, du ménage bourgeois pour donner des fêtes! Vive l'association! Associons-nous pour danser, pour valser, pour polker; plus tard nous nous associerons pour la culture, pour l'industrie, pour la cuisine, et les choses n'en iront pas plus mal.

Ampleur, économie, rapport du local et de ses nombreuses dépendances avec leur destination; harmonie entre l'organe et la fonction qu'il remplit, tous ces avantages de la vie sociétaire sont déjà réalisés dans le bal public. Ce bal me plaît encore, et fait honte à la société bourgeoise, sous un autre point de vue. On est libre à Mabille, à la Chaumière, à Valentino. Là, chacun danse comme il l'entend : il peut marcher, comme dans le grand monde; il peut aussi tricoter des entrechats et faire la roue dans les solos de pastourelle ; les dames sont libres de boire et de fumer.

Tout cela, direz-vous, c'est de l'orgie. La liberté des bals publics touche à la licence orgiaque, je l'avoue; nous ferons de la morale, tout à l'heure; mais, convenez du moins, qu'au premier coup d'œil, ce spectacle est amusant; convenez qu'il attire, qu'il ne faut pas aller une fois aux bals publics comme aux combats de taureaux et de gladiateurs, si l'on ne veut pas y aller dix. Convenez encore qu'en sortant de ces lieux, on trouve les bals de la bonne société singulièrement insignifiants et pâles. Ces hommes et ces femmes qui se touchent à peine du bout du doigt, qui avancent et reculent en cadence, comme des poupées à ressort ; ces coiffures qui ne se défont jamais, ces robes qu'on ne chiffonne pas et qui forment des plis rigides comme une draperie de marbre, tout cela vous semblera, au sortir de Mabille, plus froid, plus mort, plus ennuyeux que vous n'aviez pensé. C'est un portique du temple de l'hymen, portique monotone, incolore, en harmonie avec le Dieu qu'on adore dans le sanctuaire.

Le jardin Mabille, au contraire, est un péristyle fantastique, orné d'arabesques, péristyle où se forment des liens capricieux et pleins d'aventure. Je ne suis pas l'ennemi de la bonne société ni du mariage, mais qu'ils se réveillent, qu'ils entrent en lutte, qu'ils se fassent amusants, car la jeune population leur échappe. La lorette et Mabille leur font une concurrence terrible.

Quelques dames du grand monde, vaincues par la curiosité et voulant guérir du *spleen* gagné aux concerts et aux soirées dansantes du bel air, se sont aventurées jusqu'à l'entrée des bals d'étudiants ; plusieurs même ont passé la porte : on en cite au moins une qui a dansé.

Elle avait refusé plus de trente danseurs.
Enfin il en vint un, fort libre de langage,
Fort beau garçon d'ailleurs, qui sur ce ton l'engage :
« Dansons-nous celle-ci ? » D'un petit air hautain
Elle toisa d'abord l'étudiant latin :
Mais ce coup d'œil servit à ravir le jeune homme :
Je ne dirai qu'Arthur des noms dont on le nomme ;
Une mâle beauté, des yeux intelligents
Obtiennent d'elle enfin des regards indulgents
Pour cette folle vie aussi mal dépensée.
Il vient à notre veuve une bonne pensée :
La jeunesse se perd, dit-elle, c'est un tort
Qu'à ses mauvais penchants on la livre... un mentor
Lui manque, non de ceux dont elle s'effarouche,
Un sermon lui plairait, mais d'une belle bouche.
Voyons, si j'essayais de prêcher la vertu
A ce mauvais sujet.—Cher ange, danses-tu ?

— Je veux bien ; mais au moins, adoptez en dansant
Un parler convenable, un geste plus décent.
— Soit, mais embrasse-moi pour ma peine.— Oh! mais non.
— Je le prends.—Mais, Monsieur!—Dis-moi ton petit nom (1).

Sans doute les dames du grand monde qui se sont aventurées ainsi, couraient quelque péril, on devait les remarquer, on pouvait les suivre; mais, n'avaient-elles pas leur équipage, et l'étourdi qui se serait lancé à leur poursuite en cabriolet, même de régie, n'aurait-il pas vu son cheval s'abattre au tournant de la première rue? Que ces dames viennent; ouvrez-leur la barrière à deux battants. Elles apporteront la décence, l'élégance des manières; elles trouveront la franchise et la vivacité des allures. Puissent-elles donner et recevoir! Puissent-elles apprendre à la polkeuse des bals publics à ne jamais abandonner, dans ses poses les plus folles, la pudeur, premier joyau de son sexe! Puissent-elles remporter dans le grand monde, pour les y faire fleurir, quelques germes de cette énergie, de ce mouvement, de cette vie qu'elles auront vu tourbillonner autour d'elles!

Le bal public, par sa puissante mise en scène, par ses vives et attrayantes allures, nous fait apprécier les avantages de l'association, les charmes de la liberté. Il nous donne encore un enseignement plus grave et plus triste, sur lequel, dans cette brochure, nous avons principalement insisté.

Dans ces lieux où d'autres ne trouvent que le plaisir, nous avons senti la douleur. Tandis qu'on rit des triomphes éphémères des jeunes polkeuses, de leurs danses risquées, de leurs amours changeantes, des applaudissements ironiques à demi qui les saluent, nous plaignons ces femmes dont la vie est précaire et semée d'amertumes secrètes. Attirées par les globes de gaz du jardin Mabille, comme les phalènes par la bougie, elles vien-

(1) *La Grande-Chaumière*, poëme par Jules Michel Franquély.

nent y brûler leurs ailes, c'est-à-dire y perdre jeunesse, beauté, santé, famille, habitude du travail, franchise et délicatesse de l'âme, jusqu'au jour où l'action de l'âge et souvent des chagrins sur leurs traits ne peut plus être dissimulée. Alors le compagnon de leurs plaisirs, l'homme, après les avoir séduites, exploitées, perdues, leur retire brusquement son bras, et les laisse périr d'une fin obscure et prématurée, tandis que lui s'établit, se marie, devient propriétaire, avocat, médecin, dépositaire du pouvoir, et fait parade de sa moralité austère, de sa vie irréprochable et de sa conscience pure.

Si les bals publics semblent gais au premier coup d'œil, cette pensée les rend tristes. Ce n'est pas qu'il faille les supprimer. Quoi qu'on fasse, la jeunesse aura toujours besoin de bruit, de lumière, de musique, d'amour. Les sermons les plus persévérants n'obtiendront pas d'elle qu'elle mette son cœur sous les scellés, et ne fasse aucune différence entre les femmes et les statues, jusqu'au jour où elle aura empilé péniblement assez de pièces de cent sous pour acheter, par-devant M. le maire, une demoiselle de bonne famille. Nous ne pourrions et nous ne voudrions pas fermer les bals d'étudiants ; nous verrions, sans en être scandalisés, que le prestige de l'amour y vînt augmenter le charme des parures, de l'orchestre et de la danse.

Ce qui nous blesse, c'est qu'aujourd'hui l'amour avec son dévouement, ses délicatesses, est, dans les mœurs de la jeunesse, une exception phénoménale ; c'est que le matérialisme et la brutalité prennent sa place ; c'est que, dans ces réunions où la femme devrait donner le ton et tenir le sceptre, la femme dégradée par le dénûment, forcée de vivre d'industrie, porte sur son visage la pâleur de la maladie et de la faim ; c'est qu'elle y paraît en esclave qu'on exploite, qui veut exploiter à son tour ; c'est qu'elle devient un jouet qu'on se passe à la ronde, et sur lequel est toujours suspendue la main du sergent de ville empoigneur.

On parle souvent avec éloge de la camaraderie qui unit les étudiants, des liens d'amour désintéressés qui se forment entre eux et les *étudiantes*, de ces fidélités qui survivent à trois mois de vacances. On citera tel jeune homme qui, durant trois ans, n'a mangé que des pommes de terre pour que son amie fût vêtue de soie; telle grisette qui, pendant la maladie de son ami, aura veillé, prié, concentré sur un seul tout le dévouement que la sœur de charité répand sur le genre humain. De tels faits arrivent; le quartier latin n'est pas un enfer. Notre habitude n'est pas de calomnier la nature humaine, et nous ne dirons pas qu'on ne trouve jamais de diamants dans la boue civilisée, mais ils sont rares, et, dans le milieu social actuel, les meilleures natures ont de la peine à ne pas s'endurcir. L'égoïsme est contagieux, et c'est pitié de voir comment, au sein des conditions répugnantes qui repoussent la femme du travail, qui la dressent à vivre d'intrigue, de ruse, de rouerie, dans cette lutte d'intérêts dont toutes les parties de la société donnent l'exemple, les âmes pures se détériorent, et les relations des deux sexes deviennent une émulation d'astuce, de trahisons et de noirceurs.

On dit que les bals d'étudiants sont un charmant spectacle, qu'ils épanouissent doucement le cœur, qu'ils ne laissent dans l'âme que de gracieuses pensées. Il est facile de savoir à quoi s'en tenir. Donnez-moi le bras et entrons-y.

PHYSIONOMIE GÉNÉRALE

DES BALS PUBLICS.

LA GRANDE-CHAUMIÈRE, LA CHARTREUSE, LE PRADO, VALENTINO, MABILLE.

Parmi les bals publics, il en est un fort aristocratique, le Ranelagh, qui s'ouvre en été tous les jeudis
soirs, auprès du bois de Boulogne; les cavaliers y payent
trois francs d'entrée, les dames sont imposées à un
franc par tête, contrairement au galant usage, qui leur
ouvre gratuitement les autres bals, attendu qu'elles con-
tribuent par leurs charmes et leur parure à l'attrait de
la fête. Si vous ajoutez que l'on ne saurait aborder le
Ranelagh sans voiture, à cause de la distance qui le sépare de Notre-Dame-de-Lorette comme du quartier
latin, vous comprendrez que ce séjour n'admet qu'une
classe de danseurs et de danseuses privilégiée par la
fortune.

Un autre bal, non moins excentrique, mais peut-être

plus attrayant, c'est Tivoli qui vient de ressusciter sous le nom de *Château-Rouge*, au bruit des fanfares et à la lueur d'un feu d'artifice étoilé.

Parmi les bals à bon marché, il en est plusieurs où l'honnête homme peut entrer sans crainte de se déconsidérer; ce sont les bals qui, par leur situation et par suite de vieilles habitudes, sont devenus la propriété, à peu près exclusive, des étudiants, classe instruite, intelligente, bien née, que la société met chaque année en coupe réglée pour en tirer des professeurs, des membres de l'Institut, des avocats, des députés, des ministres.

Les bals réservés à l'étudiant sont, la *Grande-Chaumière*, ouverte l'été seulement; *le Prado*, qui se divise en deux établissements, Prado d'été et Prado d'hiver; *la Chartreuse*, qui sait approprier le même local aux exigences des deux saisons, en ouvrant ou en fermant les portes, qui font communiquer son jardin et sa rotonde.

Entre le Ranelagh, où l'étudiant ne va presque jamais et ses bals attitrés où on le rencontre toujours, se place un bal intermédiaire, qui ne coûte pas trois francs comme le Ranelagh, ni un franc seulement comme la Grande-Chaumière, qui n'est pas situé pour les convenances du quartier latin, ni pour celles de la Chaussée-d'Antin et de la Banque; bal intermédiaire sous tous les rapports, où la population des étudiants se retrouve, mais non plus dominante, mais mêlée à d'autres éléments qui représentent la population de tout Paris. Ce bal a deux faces comme Janus; l'hiver, il est établi dans la rue Saint-Honoré, et s'appelle *Valentino*; l'été, il va dresser sa tente aux Champs-Elysées et prend le nom de *Mabille*, nom prédestiné à la danse et qui s'est déjà illustré dans les ballets de l'Opéra.

M. Mabille, propriétaire de l'établissement, mort il y a peu de temps, était un professeur de danse émérite. C'est sa veuve, toute vêtue de noir, assise à l'entrée du jardin, dans un bureau grillé, qui daigne distribuer elle-

même les cartes d'entrée. Les fils de M. Mabille ont
hérité en même temps de son bal et de sa vocation cho-
régraphique.

A tous les bals publics on trouve des lanternes exté-
rieures, un bureau grillé pour prendre les billets, un
orchestre, un estaminet, car il est peu de dames parmi
les habituées qui refusent le cigare, et, lorsqu'elles
éprouvent le besoin de se rafraîchir, leurs lèvres dé-
licates n'ont aucune répugnance pour l'eau-de-vie. Presque partout vous verrez une roulette où chacun est libre de perdre quelques sous et de gagner quelques macarons.

Comme caractère général, notons la présence des
inspecteurs de police, des gardes municipaux et des
sergents de ville. Nous apprécierons ensuite avec détail la physionomie de la Grande-Chaumière, de la Chartreuse, du Prado, de Valentino et de Mabille.

La danse qui règne dans tous ces lieux est la même ;
c'est la contredanse ornée de geste, de sauts, de tré-
moussements, de tortillements, de trépignements, de
contorsions, d'ondulations de tout le corps qui varient
suivant l'inspiration de chacun, et qui deviennent de
plus en plus expressifs à mesure que le regard du municipal se détourne ; c'est la valse qu'on exécute en tenant sa valseuse par les épaules ou par la tête ; c'est
la polka saluée par des hurlements de joie. La polka ne
s'est propagée que lentement dans les bals publics ; les
leçons de Laborde et de Cellarius étaient trop chères
pour les habitués ; l'année dernière, j'ai vu tel jour à la
Chaumière où l'air de la polka *nationale* (de quelle nation ?) a été joué deux fois avant de déterminer un seul
couple à se lancer dans l'arène. Depuis, on s'est risqué
sans mesurer ses forces ; naguère encore, au jardin
Mabille, quand retentissait la polka, un groupe confus,
inextricable, tournait autour de l'orchestre en sautant à
cloche-pied. Cela s'appelait polker !... Mais depuis que
Mlle Clara Fontaine, *la reine des étudiantes*, s'est fait

inoculer la science de Cellarius, et qu'elle en a donné des leçons chez elle, rue de Provence, n° 6, le public *mabillien* s'est formé rapidement. Il tient maintenant le canevas de la polka, même il y brode des dessins de fantaisie qui ne sont pas sans charme pour l'observateur.

Dans tous les bals que nous venons de nommer, la danse est la même, et l'on chercherait vainement à distinguer chaque localité par des nuances. Nous l'avons dit, le plus ou moins de verve et d'excentricité dépend du nombre et de l'attention des gardes municipaux et des sergents de ville. Au milieu de ces joies en ébullition, l'homme de police est un alliage réfrigérant qui produit plus ou moins d'effet suivant la dose.

Maintenant que nous possédons quelques données sur la physionomie générale des bals publics, entrons à la *Grande-Chaumière.*

Gavarni prétend que la Chaumière est « un grand jardin où les jeunes gens se réunissent le dimanche pour entendre de la musique religieuse, *après vêpres*. » Bien que nous n'ayons ni penchant ni intérêt à trahir la jeunesse dans ses plaisirs, nous ne pouvons laisser les braves parents de province dupes de la *couleur* que le charmant dessinateur essaie de leur insinuer. La Chaumière est un grand jardin où l'on se réunit, à la vérité, le dimanche et le jeudi, mais dont la musique n'est pas plus religieuse que la polka nationale, pas plus édifiante que le quadrille de *larifla* ou de la *tulipe orageuse.* Quant aux *vêpres*, nous soupçonnons les habitués de ce jardin d'y manquer par intervalles.

La Chaumière, située sur les boulevards extérieurs, au delà du Luxembourg, non loin de l'Observatoire, est au printemps un lieu de délices. Moyennant un franc par tête masculine, on est admis dans cet eldorado qui communique avec un café. Le propriétaire a voulu que le plaisir de la danse servît d'amorce à la consommation. Dans le jardin de la Chaumière, les allées serpentent au milieu d'épaisses charmilles ; de distance en distance des bancs cachés dans les bosquets semblent inviter à des conversations intimes ; un billard est placé dans une maisonnette ; une estrade s'élève pour l'orchestre au milieu des ombrages. Devant les musiciens s'étend un espace formant carré long, fortement battu, entouré de balustrades à hauteur d'appui ; c'est la salle de danse ; elle est éclairée cette année par des globes de gaz qui forment d'éblouissantes constellations.

L'orchestre se fait entendre. A ses accents se joignent le gazouillement des oiseaux qui s'envolent des charmilles, et le bruit de la montagne russe, dont les chars descendent en roulant comme un tonnerre lointain ; au moment où la courbe est le plus rapide, la peur arrache des cris aux aimables voyageuses ; leurs *cavaliers* ne font qu'en rire ; pour mieux mériter ce titre, ils enfourchent des chevaux de bois montés sur des roulettes, et c'est ainsi qu'ils descendent triomphalement la montagne.

L'orchestre a fait son premier appel ; la contredanse va commencer ; on se place ; les demandes et les offres de vis-à-vis sont rapidement échangées. Au centre de l'arène, vous apercevez un homme déjà sur le retour, taillé en Hercule, qui dépasse tous les couples de la tête, c'est le directeur, le régent de l'établissement, le père Lahire, qui représente à la Grande-Chaumière l'ordre et la morale ; il trouve des vis-à-vis à tout le monde, place les groupes de manière à économiser l'espace et à grossir sa recette, et quand la danse a commencé il en modère les écarts d'une voix rude. —M. Charles ! soyez moins aimable. — Mlle Elisa ! pas tant de grâce, s'il vous plaît. — Je crois qu'il y a du désordre par là-bas ! (Il s'agit de trois femmes tombées les unes sur les autres comme des capucins de cartes.) Lorsque le père Lahire connaît le domicile de ses habitués, il menace de les réintégrer dans leurs foyers domestiques. — M. A....... je vais vous renvoyer rue de Vaugirard faire l'amour, de la prose et des vers.

Le père Lahire est brusque, mais il est bon ; les étudiants l'aiment beaucoup. Sa surveillance active empêche presque toujours la police officielle d'intervenir.

Maintenant que nous avons vu le plus beau de la fête, retirons-nous au milieu des applaudissements qui saluent une triomphante polka de Mlle Clara Fontaine et rendons-nous à *la Chartreuse* située de l'autre côté de l'Observatoire, à l'issue de la rue d'Enfer.

Aller de la Grande-Chaumière à la Chartreuse, c'est descendre. A la Chartreuse, la mise en scène est moins riante, l'orchestre est plus maigre, les toilettes sont moins soignées ; mais la Chartreuse a l'avantage de ne pas connaître de morte-saison. Elle installe ses quadrilles dans une rotonde qui, pendant les chaleurs, communique avec un jardin par des portes nombreuses. Ces portes sont fermées par des contrevents pendant l'hiver.

La salle de la Chartreuse ressemble à la tente du fils de l'empereur de Maroc, exposée l'année dernière aux Tuileries, c'est-à-dire à un immense parapluie. Au centre, une forte solive représente la tige du parapluie, et soutient tout l'édifice. Le plafond, conique, est peint en bleu-ciel ; un banc circulaire entoure la salle, et de nombreuses statues adossées au mur soutiennent des globes de gaz.

Que votre imagination ne combine pas les éléments de ma description pour en faire un ensemble magnifique. Piliers, plafond, bancs et statues, tout est simple, et je dirai même sale. Quand la danse a commencé, les planches élastiques du parquet frémissent sous des coups de pied si bruyants, qu'on se croirait dans un grand moulin dont la charpente serait ébranlée par le tic-tac. Du plancher de la Chartreuse, il s'élève une poussière qui devient épaisse, suffocante, et qui ne trouve d'autre issue que les bouches, les nez, les yeux, les oreilles des spectateurs.

Sortons vite de cette atmosphère, et courons au

Prado d'hiver, situé en face du Palais de Justice. Prix,
1 fr. 50 c. ; 1 fr. seulement pour les abonnés.

Ce bal, comme les deux premiers, est consacré à
l'usage des étudiants d'une manière à peu près exclusive.
Entre les quadrilles, on n'y entend causer que d'exa-
mens, de Flicoteaux, de MM. Quinet et Michelet, de
boules rouges et de boules noires. Tel est le bal du
jeudi ; ce caractère est altéré le dimanche par l'inter-
vention des boutiquiers et boutiquières du voisinage ;
le lundi, par celle des ouvriers, éléments hétérogènes
qui n'ont point la tradition ni le style de l'endroit. Voici
la conversation du dimanche : — Fifine, c'est bien amusant d'être ici ; faudra revenir jeudi. — Ah ! mais, jeudi,
faudra attendre que la boutique soit fermée. — Ah ben !
nous arriverons trop tard ; c'est pas la peine de donner trente sous.

Le lundi, au Prado, la foule est grossière, les bour-
rades deviennent fréquentes et les querelles faciles.

L'entrée de ce lieu n'a rien d'attrayant, ni même de
rassurant. Il faut pénétrer dans un long corridor assez
mal éclairé, voisin d'un cabaret borgne, le tout dans le
quartier des *tapis francs* ; cela donne à réfléchir quand
on ne porte pas de canne, et qu'on n'a sur la conscience
et dans sa poche aucune espèce de couteau-poignard.

Les visiteurs, encouragés par la présence de la garde
municipale, pénètrent dans un édifice tortueux, où les
escaliers et les galeries se succèdent, vrai labyrinthe
dont l'horison change à chaque degré qu'on franchit ;
voici le billard, voici les cafés, voici le bal.

L'orchestre est placé au centre d'une étroite et longue
galerie, peinte en beurre frais avec des arabesques bleus
et des dorures ternies. Cinquante quadrilles y sont ali-
gnés ; arrivez au milieu de cette enfilade, si vous avez
de bons coudes, vous verrez s'ouvrir au-dessous de vous
une salle ou plutôt une rotonde dans laquelle on peut
descendre par un double escalier. C'est dans cette enceinte que se donne rendez-vous l'aristocratie du bal.

Là, toutes les femmes ont des chapeaux, beaucoup portent des robes de satin et de velours ; bien peu manquent de chemises.

Par intervalle, des divers estaminets qui communiquent avec les salles de bal sortent des groupes avinés qui font irruption dans les danses et se livrent à une franchise, à une crudité de propos dont on redoute d'abord les conséquences. On craint de voir ces dames dont la toilette imite celle des femmes de salon, dont le visage exprime souvent la modestie et la réserve tomber en syncope ou quitter la place. Les terribles phrases qu'on vient d'entendre sont autant de coups de fusil qui vont faire partir cette volée d'oiseaux.... Mais non, les oiseaux ne sont pas farouches ; habitués à l'odeur de la poudre, ils viennent se percher d'eux-mêmes sur les bras des chasseurs.

Pour se rendre du Prado d'hiver à la salle *Valentino*, il faut longer le quai du Louvre, traverser le Carrousel, passer sous les arcades de la rue de Rivoli, de la rue Castiglione et suivre la rue Saint-Honoré jusqu'aux approches du faubourg. Qui ne connaît cette vaste salle, consacrée par les concerts et par les bals masqués de Musard? Le théâtre où ce Napoléon d'un nouveau genre, avant de gagner sa bataille d'Austerlitz dans la rue Vivienne, débuta par ses campagnes d'Italie, est une halle immense soutenue par de nombreux piliers. L'orchestre occupe au centre une estrade. Le bal Valentino contient une foule beaucoup plus nombreuse que les lieux déjà visités par nous, et toute cette foule entre en action; peu de place est laissée aux simples spectateurs. La danse caractéristique des bals publics se reproduit dans tous les coins, sous mille formes capricieuses; on est ébloui...
....
....
Les toilettes de femmes à Valentino comme à Mabille sont aussi supérieures aux mises du Prado, que le Prado

est supérieur au négligé, au laisser-aller de la Chartreuse. Quant à la Chaumière, inconstante et variable dans son aspect, nous ne saurions lui assigner de position fixe dans cette série.

La salle Valentino, quand l'orchestre a donné le branle est un parterre de fleurs mouvantes ; de tous côtés on voit onduler, variant leurs formes et leurs couleurs, empruntant leur tissu à la paille, à la soie, au satin, au velours, admettant ou rejetant le voile et la plume, unis, plissés ou bouillonnés, mais toujours coquets et gracieusement posés, ces diminutifs de chapeau dont la coupe ne se retrouve pas ailleurs.

Le jardin Mabille est fermé pendant l'hiver ; mais pendant l'été la disposition des lieux ne le cède pas en séduction aux bosquets et aux charmilles de la Grande-Chaumière. Arrivé au rond-point des Champs-Élysées, prenez l'allée des Veuves qui s'ouvre à votre gauche ; au bout de trente pas vous apercevrez à votre droite la porte illuminée d'un bal public, où glissent, comme des ombres, des femmes sans cavaliers ; elles reviendront pour la plupart mieux accompagnées. Peut-être vous déciderez-vous à prendre le même chemin qu'elles ; vous suivrez alors une longue galerie tapissée de plantes grimpantes, éclairée au gaz ; puis le jardin s'ouvrira devant vous. Au centre, un kiosque élégant, une espèce de pavillon chinois abrite l'orchestre ; cette construction légère est entourée à distance par un cercle de palmiers factices ; leurs feuilles vertes retombent comme des panaches et tiennent suspendus des globes de gaz. Plus loin, dans le clair obscur, s'étendent de véritables bosquets, et des arbres naturels frémissent en ombrageant des tables près desquelles chacun peut offrir le petit verre et le cigare à la dame éphémère de ses pensées. Un jeu de bague toujours en mouvement vous laisse le choix du cheval de bois ou de la gondole. Un vaste hangar sert de refuge au bal en cas de pluie ; c'est là qu'aux jours du beau temps les polkeurs et les polkeuses novices se retiraient l'été dernier pour s'exercer à l écart.

Sans s'élever à la hauteur du Ranelagh, le ton du bal Mabille est un peu plus aristocratique que celui des bals dont nous avons parlé jusqu'ici. A Mabille, bien des dames n'accordent de contredanse qu'aux hommes qui leur ont été présentés; mais aussi jusqu'où la contredanse accordée ne conduit-elle pas?

Soyez prudent toutefois, souvent un précipice est caché sous les fleurs.

Pendant les quadrilles la conversation est à peu près impossible, on est sans cesse en mouvement, point de repos pour personne, tous les danseurs, toutes les danseuses figurent continuellement à la fois, mais vous pouvez, après le chassé-croisé, conserver quelque temps le bras qu'on vous abandonne, errer sous les ombrages, vous asseoir peut-être sous les bosquets.

A la vérité, vous n'en serez pas quitte pour des soupirs et des déclarations langoureuses; parmi les lorettes l'amour transi a peu de cours; le dieu de Cythère ne peut prendre son essor, à Mabille, qu'à la condition de dorer ou d'argenter ses ailes. De tout soupirant on a besoin de tirer soit un chapeau, soit une écharpe, soit le loyer que le propriétaire réclame, ou tout au moins le déjeuner du lendemain.

Si l'amour des polkeuses est désintéressé par fantaisie, par accès, c'est parfois à la Chaumière; l'étudiant a de l'esprit, de la jeunesse, peu d'argent; il ne peut donner que ce qu'il a. Mais le jardin Mabille est un confluent où viennent se mêler les flots de populations très-diverses. Le monde littéraire, artistique, financier, politique y est représenté, la rédaction des journaux religieux y est comprise; c'est une bourse où la tendresse est cotée plus haut que dans le quartier latin.

A la Chaumière, la femme danse quelquefois pour son plaisir, à Mabille c'est le plus souvent pour ses affaires. A la Chaumière elle est accessible aux caprices, à Mabille, elle spécule.

Après un quadrille, Jules a conservé le bras d'Héloïse ; il exprime son amour, elle détourne la tête, il jure une fidélité à toute épreuve, elle répond par un mouvement d'épaules. — Changeant de thèse, Jules parle de la position embarrassée d'une jolie femme, de ses besoins, des désirs qu'elle peut éprouver sans avoir le moyen de les satisfaire ; on écoute plus attentivement La marchande de fleurs observe ce couple, elle saisit le moment où l'intérêt de son commerce est d'accord avec l'intérêt du séducteur ; elle présente à propos un bouquet que Jules paye un franc, qu'Héloïse accepte ; un pareil cadeau n'engage pas, il ne coûte qu'un regard et un sourire.

Jules passe ensuite aux rafraîchissements qu'on accepte encore sans se croire obligée, sans se juger compromise. Notre cavalier sent bien qu'il ne s'est pas formé de liens sérieux entre lui et sa danseuse. On attend quelque sacrifice réel. Mais quels peuvent être les besoins d'une femme aussi bien mise ? Rien ne lui manque assurément. Son chapeau de satin rose, couvert d'une voilette blanche, son pardessus noir serré par une cordelière de soie, composent une tenue très-confortable. Tout au plus aura-t-elle la fantaisie de se faire offrir une des babioles qu'on gagne à la roulette chez Mabille, un éventail, une sonnette de bronze. — A tout hasard, pour se donner contenance, Jules aventure un compliment sur la toilette d'Héloïse.

—Vous me croyez bien mise, Monsieur, c'est que vous ne voyez pas ma capote de près, la voilette la déguise assez bien, mais elle est fanée, passée, tachée, elle n'est plus mettable, regardez bien.

On écarte la voilette, et Jules est obligé de convenir que l'achat d'un chapeau neuf est une mesure indispensable, urgente.—Allons, se dit-il à voix basse, j'en serai quitte pour une vingtaine de francs.

—Vous me croyez bien mise, Monsieur, parce que vous ne voyez pas sous mon pardessus ; mais un pardessus n'est plus de saison, et vous devez comprendre que je ne garderais pas le mien sans des raisons mystérieuses ; le fait est que je n'ai pour m'habiller qu'une seule robe, une robe de soie noire tout éraillée que je ne puis montrer à personne Il y a des solutions de continuité sous les bras. Qu'est-ce qu'une femme sans robe de soie ? — Une robe de soie, c'est cinquante francs, murmure Jules, sans compter un terme de loyer dont, sans doute, on me parlera tout à l'heure.

Après tout, pense-t-il, cette femme est très-bien ; ses manières sont excellentes, elle ne manque pas d'esprit, sa conversation, sa société sont d'un prix inestimables. — Je vois, Madame, qu'une centaine de francs vous viendrait fort à point

— Oui, Monsieur, mais quand je ne mettrai plus mon pardessus, vous sentez qu'il me faudra soit un châle, soit une écharpe, on ne peut pas sortir *en taille* ; les écharpes sont mauvais genre et bonnes pour les cuisinières, à moins d'être en cachemire ; quand aux châles d'été, je ne porte que le crêpe de Chine brodé.

—Vous avez raison, Madame, mais enfin cent francs pourraient faire face à vos nécessités les plus pressantes.

Héloïse ne dit rien ; Jules de s'applaudir. Après tout cette femme n'est dépourvue que de vêtements ; j'aurais pu tomber plus mal. Où en serions-nous grand Dieu si elle avait besoin de meubles ?

— Madame, je n'ai pas le droit de vous offrir cent francs ; vous ne me connaissez pas assez pour accepter de moi ce léger service, mais accordez-moi votre adresse, permettez-moi de vous voir et bientôt vous m'estimerez assez pour me permettre de vous être utile.

— Oui, Monsieur, je vais vous donner mon adresse. Je loge en hôtel garni, rue C***, n° 12.

— En hôtel garni ! Dieu du ciel !

— Cela vous afflige, vous avez raison; loger en garni, ce n'est pas une position pour une jeune dame. On n'est pas libre de rentrer à l'heure qui plaît, de recevoir qui l'on veut; on a beaucoup de peine à se faire respecter; mais comme vous dites, vous viendrez me voir, vous serez bientôt mon ami et je vous estimerai assez pour accepter de vous mes meubles.

Jules sort du bal Mabille; ce n'est plus lui qui presse le bras d'Héloïse, c'est elle qui le retient accroché, tout en le regardant avec douceur et en respirant son bouquet. Il est consterné et ne sait que répondre à ses amis qui le complimentent en riant sur sa bonne fortune

Ma bonne fortune... est-il tenté de leur dire, volontiers je vous la céderais au prix coûtant.

Jules est un nigaud qui ne sait pas tenir sa place avec les polkeuses; que ne prend-il des leçons d'Alfred, Alfred n'est jamais trompé, car c'est lui qui trompe. Chez le restaurateur, il enlève la carte des mains d'Anna, qui allait commander un faisan et des truffes et demande à voix haute, en frappant sur la table, des pommes de terre et du fricandeau. Quand il voit venir une demande d'argent, sa bourse fût-elle bien garnie, il feint la détresse, le dénûment le plus complet, et, parant le coup qu'on va lui porter, il réclame un sou pour passer le pont des Arts. Mais que voulez-vous, chacun n'est pas Don Juan ni Alfred ; Jules compâtit à la détresse des polkeuses. près d'elles il aime encore mieux être le mouton que le loup, le pigeon que le vautour.

Nous venons de considérer la Grande-Chaumière, la Chartreuse, le Prado, Valentino, le Jardin Mabille, surtout sous le rapport de la mise en scène, de la disposition matérielle ; il nous reste à parler avec détail du personnel qui anime ces lieux. Les hommes qu'on y rencontre, bien qu'un peu mêlés, surtout le dimanche, sont en général des gens du monde, étudiants de toutes les écoles, artistes, avocats, médecins, journalistes, propriétaires, députés parfois. Ce qui est plus intéressant à étudier, c'est la classe de femmes pour qui ces bals ne sont pas, comme on pourrait le croire, une récréation, le moment de distraction qui suit une journée laborieuse, mais une occupation principale, un but pour l'existence, une carrière de gloire, une industrie.—Ici le sujet devient sérieux, et, malgré la joie bruyante au milieu de laquelle les habituées, nous pourrions dire les victimes du bal public, cherchent à s'étourdir, nous allons sonder des misères qui réclament une vive sympathie de la part des hommes voués aux questions sociales.

LES DANSEUSES

DES BALS PUBLICS.

La fille d'Hérodiade dansa devant le roi Hérode; elle lui plut.

Le roi s'engagea par serment à lui donner ce qu'elle demanderait.

Conseillée par sa mère, elle dit donnez-moi sur un plat la tête de Jean-Baptiste.

Depuis cette époque Hérodiade est condamnée à marcher jusqu'au jugement dernier comme le Juif errant, et ses filles les danseuses sont maudites.

ANTIQUE LÉGENDE.

Cependant elles ont trop souffert pour que le ciel ne pardonne pas, et le jour approche où elles seront toutes rachetées.

LA SCIENCE SOCIALE.

Il est une certitude qui devrait glacer l'âme prête à se livrer à l'enivrement des bals publics; c'est que, dans tous ces lieux sans exception, figurent, dans une proportion notable, les beautés inscrites et patentées. Le bal public est le soupirail par où quelques rayons de lumière et de liberté pénètrent dans leur existence captive. C'est là qu'elles s'étudient à dissimuler leur position par l'élégance et souvent par la décence de leur mise, qu'elles s'amusent à recevoir des hommages, à se montrer sévères, à *faire poser* les imprudents séduits par le mystère dont elles sont enveloppées. Le chapeau élégant, le manteau, le manchon les déguisent, et les jeunes gens qui ne se renferment pas à la Chaumière, au Prado, à Valentino, même au jardin Mabille, dans le rôle d'observateurs, peuvent être assurés qu'ils n'ont pas dansé trois quadrilles sans avoir eu pour danseuse ou pour vis-à-vis une de ces esclaves.

Nous ne sommes pas de ceux qui cherchent à soulever, à envenimer contre elles la haine et le mépris de tous. Nous les plaignons lorsque, victimes d'un malheur sans remède, d'un irréparable abandon, elles se sont précipitées dans cette espèce de suicide, et gémissent dans leurs chaînes, le cœur mutilé :

> Spectres où saigne encore la place de l'amour.

Nous les plaignons lorsque, nées pour l'élégance et pour le luxe, elles n'ont pas eu la force de se résigner aux dures conditions du travail et se sont laissées glisser en sommeillant jusque dans l'abîme.

Nous les plaignons encore, et surtout lorsque, vendues dès leur enfance par des parents pauvres, ne sachant ni lire ni écrire, privées de tout enseignement, de toute lumière, elles ne connaissent plus que les instincts de la brute; leur parole n'est alors qu'un mensonge compliqué, mensonge à triple étage, au milieu duquel elles s'égarent elles-mêmes. Pour intéresser l'homme, que le tableau nu de la misère ne séduit pas, elles se fabriquent chaque jour de nouveaux antécédents romanesques. On voudrait travailler, devenir honnête; un peu d'or suffirait pour acquérir un mobilier, pour se faire admettre dans un magasin, pour rentrer dans les conditions normales de la vie.

Quelle charité bien placée! Soyez convaincu, essayez cette œuvre, tendez une main secourable à ces victimes, et cette poignée d'or qui devait être un instrument de réhabilitation, dépensée en folles toilettes, répandue dans les cafés, les théâtres, les bals, va disparaître en peu de jours. La femme qui pouvait se racheter du mal, épuisera son faible trésor jusqu'au jour où trois portes seulement seront ouvertes devant elle, celle de son ancienne demeure, celle de l'hôpital et celle de la prison de Saint-Lazare.

Alors un moraliste s'emportera contre cette fraude, contre ce mensonge, contre cette dépravation; il ne demandera que gênes et supplices. Quant à nous, sans absoudre la coupable, nous n'oublierons pas que, ni la famille, ni la société n'ont rempli envers elle tous leurs devoirs; que nul ne lui a enseigné, ne lui a facilité le travail; nous tiendrons compte au sexe et à l'âge de leurs entraînements. Tout en admirant les âmes qui, dans les mêmes conditions, restent pures, nous comprendrons que tant d'héroïsme ne saurait être imposé à tous. Nous demanderons que les institutions sociales deviennent la providence des faibles, les soutiennent, les éclairent et leur prêtent cet appui dont les jeunes plantes ont besoin pour se soutenir. Jusqu'au jour où ce vœu s'accomplira, nous essayerons d'entretenir dans nos âmes l'indulgence de Jésus relevant la Madeleine, et nous ne jetterons pas la première pierre, car nous ne sommes pas sans péché.

Nous n'avons point d'anathème à prononcer contre la classe la plus malheureuse des femmes qui fréquentent les bals publics, mais nous dirons à la civilisation : ne dois-tu pas rougir? Crois-tu réaliser la société voulue par le Créateur? tu est si pauvre en plaisirs à la fois nobles et vifs que tes fils s'estiment heureux d'exécuter une danse brutale avec ces parias qui représentent dans leur sexe le dernier degré de l'humiliation et de la douleur!

En dehors de cette catégorie, la population féminine des bals publics peut se diviser en deux fractions, *lorettes* et *grisettes*. Les véritables ouvrières, travaillant du matin au soir, n'ayant eu que peu d'amants, figurent bien rarement dans ces bals éloignés de leur demeure habituelle, les quartiers profonds et industrieux du Marais, de Saint-Martin et de Saint-Denis.

LA LORETTE.

Vouloir juger les femmes sur le caractère vicieux qu'elles déploient en civilisation, c'est comme si l'on voulait juger la nature de l'homme d'après le caractère du paysan russe, qui n'a aucune idée d'honneur ni de liberté, ou comme si l'on jugeait les castors sur l'hébêtement qu'ils montrent dans l'état domestique, tandis que dans l'état de liberté et de travail combiné, ils deviennent les plus intelligents de tous les quadrupèdes. Même contraste règnera entre les femmes esclaves de la civilisation et les femmes libres de l'ordre combiné ; elles surpasseront les hommes en dévouement industriel, en loyauté et en noblesse; mais, hors de l'état libre et combiné, la femme devient, comme le castor domestique ou le paysan russe, un être tellement inférieur à sa destinée et à ses moyens qu'on incline à la mépriser, lorsqu'on la juge superficiellement et sur les apparences.

CHARLES FOURIER.

Les lorettes qui foisonnent au Ranelagh, à Mabille, mais qui ne vont guère à la Chaumière et descendent rarement au-dessous de Valentino, n'exercent aucune profession, ne vivent que pour plaire : de la jeunesse, de la grâce, quelquefois de l'esprit, voilà leurs ressources. Recrutées dans les classes les plus diverses, mais toujours sans fortune, issues des pensionnats les plus en renom comme des loges de concierge, elles forment une population gaie, brillante, heureuse au premier aspect, et dont la physionomie amuse lorsqu'on n'a pas sondé les frêles appuis sur lesquels reposent toutes ces existences.

Le contraste d'une éducation presque toujours manquée avec la mise de la haute Société, le ton de réserve et de dignité qu'on affecte, démenti par la facilité réelle des mœurs, amènent des scènes piquantes.

Dialogue historique. — Mademoiselle, il est fort imprudent à vous de rentrer tard, vous pouvez rencontrer des hommes qui vous adressent des paroles inconvenantes. — Monsieur, j'ai un moyen sûr de me faire respecter Quand on me suit de trop près, je me retourne en disant : *Monsieur, vous m'embêtez.* Alors on voit tout de suite que je suis une femme comme il faut.

Lorsque Mlle Rose, fille d'un portier, se présente à Mabille avec un chapeau surmonté d'une plume ambitieuse, il est curieux de voir ses *amies* la tirer doucement par son panache en disant : *cordon s'il vous plaît !*

Il est amusant de voir Mlle Ernestine, écrivant à un élève de l'Ecole polytechnique, mettre sur l'adresse *école politique.* Trouvant le mot trop court, elle reprend la plume avec réflexion pour ajouter—*nique.* Elle peut, au reste, s'enorgueillir, car elle a sous le chapeau de dentelles et sous le mantelet de satin bien des compagnes qui sont obligées de se faire lire toutes les lettres qu'elles reçoivent, de dicter toutes leurs réponses, et qui prennent mille détours plaisants pour dissimuler à leurs correspondants cette lacune de leur éducation première.

Chacune de ces dames aime à faire collection d'autographes ; quand il est un peu volumineux, le dossier des déclarations reçues, auquel les signatures et les adresses ne manquent pas toujours, devient une galerie des plus curieuses, et tout nouvel adorateur est admis, invité même à la parcourir. Mlle Cécile est allemande, elle ignore la langue française, mais elle sait très-bien chercher dans ses tiroirs un paquet de lettres qu'elle vous présente, en ne prononçant que ce mot : *lire.*

. L'usage de ces exhibitions doit rendre fort prudents les gens qui voudraient écrire à des lorettes ; les mots s'envolent, les écrits restent. Lorsqu'on a fait parvenir une lettre d'amour à l'une de ces dames, il est désagréable de se voir ensuite imprimé tout vif comme il arrivera tout à l'heure à un monsieur dont j'ignore le nom, qui ne peut accuser personne d'indiscrétion, mais dont la lettre a paru digne de la publicité comme un modèle de style épistolaire et de galanterie.

MADAME,

Il y a longtemps que je désire vous écrire une lettre, mais vous m'avez fait languir, vous m'avez fait ignorer votre nom, votre demeure ; hélas que faire sans renseignements ! que se désoler.

Croyez-vous que je suis resté insensible, depuis deux mois que je vous vois, que j'admire cette petite figure enfantine, ces yeux expressifs qui m'ont inspiré un sentiment d'amour que jusque-là je n'ai osé vous faire connaître. Malgré cette figure d'ange que j'admire depuis longtemps (mais pas encore comme je le voudrais), je n'ai pu vous aborder, je n'ai pu, la force m'a manqué, la peur d'une mauvaise réception me tourmentait. Mais moi, Madame, je suis simple, je ne puis garder un instant de plus un aveu que je vais enfin vous faire et que j'ai eu grande peine à cacher jusqu'alors, eh bien, Madame, je vous aime.

Pardonnez-moi de vous dévoiler si subitement les expressions de mon cœur, soyez bonne, montrez-vous aussi charitable envers un malheureux qui n'aspire qu'au moment de vous parler, de respirer cette haleine qui le ferait mourir d'amour.

Oh ! quelle peine vous m'avez faite lorsque vous êtes allée au bal de l'Opéra, seule, jolie comme vous l'êtes, exposée aux paroles de jeunes gens qui vous ont sans doute débité de ces mots fades qui ne sont pour eux qu'une manière de s'amuser et qui n'ont point au fond du cœur ces sentiments purs qui font chérir une femme, lui prodiguer de ces folles caresses qui font oublier tout.

Pourquoi vous ennuyer plus longtemps de vœux que je vous exprimerais mieux en vous voyant. Aussi, puisque vous paraissez vouloir m'écouter, puisque votre bienveillance va jusqu'à m'accorder un entretien, je tressaille de bonheur à la seule pensée de vous voir ce soir.

Malheureusement le mercredi je dîne chez mon oncle, et je ne pourrai me trouver au rendez-vous. . . . .

La fin de la lettre manque. On l'a utilisée un matin qu'on voulait faire le café et qu'on manquait de papier pour allumer le fourneau.

L'invention du daguerréotype facilitant l'échange des gages d'amour, les lorettes se forment des musées avec ces portraits métalliques charbonnés d'un côté, blafards de l'autre, qui ressemblent à des spectres aperçus au clair de la lune.

Si l'on était riche ou lancée dans la société des peintres on saurait se composer de splendides galeries. N'existe-t-il pas quelque part une belle Auvergnate, autrefois reine des Vendanges de Bourgogne ; une femme d'esprit dont la gloire est contemporaine de celle de Chicard ? N'a-t-elle pas fait portraire à l'huile tous ceux de ses amis intimes qui lui faisaient honneur par leur position sociale ? On assure que de ce choix sévère il est résulté deux cents tableaux.

Quand les lorettes ont de l'esprit, comme elles peuvent tout dire, et comme les épisodes de leur vie de bohémienne leur fournissent des souvenirs très-accidentés, leur conversation est pétillante ; c'est la verve des ateliers de peinture, avec plus de légèreté, de finesse, avec la différence de l'esprit de l'homme à celui de la femme. Cette différence est celle qui sépare une liqueur ardente et substantielle d'un arome éthéré, subtil.

Au fond cependant, les lorettes sont malheureuses ; leur existence est un provisoire éternel. Rarement les premiers besoins de la vie leur sont garantis ; on pourrait dire, non pas qu'elles dînent ou qu'elles déjeunent, mais qu'elles vivent sur le pouce. Il faut que la gaieté soit chez ces femmes un élixir bien surabondant pour qu'elle parfume de temps en temps une pareille existence.

Les lorettes de l'ancien régime, c'étaient les danseuses de l'Opéra pour lesquelles il était à la mode de se ruiner. On leur offrait de beaux carrosses où tant d'or se relevait en bosse, qu'ils étonnaient tout le pays, et faisaient pompeusement triompher les Laïs. On leur envoyait des coffrets pleins de pierreries portés par des

coureurs, des heiduques, des nègres en casaque galon-
née ; coffrets, bijoux, valets, tout était pour elles ; on
leur sacrifiait des maisons, des terres.....

Aujourd'hui le morcellement de la propriété ne per-
met plus guère ces folies ; ce sont les bourgeois qui
règnent, il calculent mieux que les seigneurs dont ils
se sont distribué l'héritage. Ils ont réfléchi que les
bonnes grâces d'une femme quelle qu'elle soit, a toujours
à peu près la même valeur ; que si l'on peut dans un
temps de caprice, donner un prix arbitraire à cet objet,
comme l'ont fait les Hollandais pour les tulipes, le règne
de la mode et l'engouement une fois passé, une tulipe
en vaut à peu près une autre. On fait peu d'extrava-
gances pour les femmes aujourd'hui, et la pauvre lorette qui resterait à sa fenêtre dans l'espoir de voir
arriver un carrosse *amaranthe* ou *de ma rente*, courrait
bien risque de demeurer à la croisée assez tard pour
être enrhumée par le serein. Cependant il y a des
exceptions ; dans toute carrière la gloire mène à la
fortune. De la masse des lorettes luttant péniblement
contre la destinée, s'ingéniant du matin au soir à payer
la plume de leur chapeau d'abord, leurs dentelles ensuite et leur pain quotidien s'il reste de la monnaie, il
faut distinguer les illustrations de cette classe, les prin-
cesses, disons le mot, les *reines* de ce peuple élégant
et obéré.

Oui, les lorettes ont une reine ; elles ont même deux
reines : *Pomaré* et *Mogador*.

Les ombrages du jardin Mabille ont été témoins l'été
dernier de leurs avénements successifs, et ces deux poten-
tates, au lieu de se livrer une guerre à mort, se sont
tranquillement partagé l'empire.

Nous allons consacrer quelques pages aux deux sou-
veraines et aux beautés les plus fringantes de leur cour.

SOUVERAINES ET PRINCESSES.

Rosine.

Vous croyez que je vous parlerai d'abord de Pomaré? pas le moins du monde. Au risque de violer les lois de l'étiquette, avant la reine, je fais passer une sujette ambitieuse déjà et qui sera quelque jour rebelle. Rosine n'a pas dix-huit ans, elle débute à Mabille cette année, je veux commencer sa gloire; avant de porter mon encens à l'astre en son plein midi, je salue le soleil qui se lève; le bouton me plaît mieux que la rose complétement épanouie.

Si je classais Rosine parmi les illustrations de second ordre, si je la mêlais au cortége nombreux des reines dansantes et polkantes, elle disparaîtrait dans la foule comme une nymphe dans la suite de Calypso et je perdrais toutes les notes de la fanfare que je veux sonner en son honneur.

Un beau soir je remarquais à Mabille une femme très-jeune, petite et gracieuse; son teint légèrement bistré rappelait un peu la carnation des bayadères et faisait éclore dans mon imagination l'orient tout entier ; j'admirais les vives allures de cette jeune femme, sa physionomie mobile, spirituelle, malicieuse et bienveillante à la fois. Elle racontait avec de grands éclats de rire une burlesque déclaration d'amour qu'elle venait de subir à bout portant : Mademoiselle, lui avait dit un adorateur éperdu, il faut que je boutonne ma redingotte, sans cela mon cœur va m'échapper.

Cette femme était Rosine : j'appris que depuis plusieurs années on la voyait se promener au Palais-Royal, dans le passage des Panoramas, sans châle et nu-tête, mais remarquable par l'élégance de sa taille, et pour attirer le respect tenant par la main un jeune enfant (son neveu dit-elle), après chaque promenade elle disparaissait du côté de la rue Saint-Joseph.

La danse de Rosine est pleine de caprice et de fantaisie ; par moments cette jeune fille reste immobile, rêveuse, oubliant qu'elle figure dans un quadrille, mais par moments aussi elle se réveille, piétine vivement sur place, exécute avec ses mains des signaux télégraphiques, puis elle arrondit les bras, imitant l'oiseau qui s'envole, ou plutot l'ange qui prend son essor ; les jambes pour danser lui sont à peu près inutiles, elle danse surtout du haut du corps comme les femmes de l'Asie.

La voix de Rosine est musicale, argentine, pleine de séduction, mais Rosine est peu connue, le vulgaire ne l'apprécie pas encore ; sa mise est modeste, insuffisante même ; nous l'avons vue au bal en simple robe d'indienne ; huit jours après sa robe était renouvelée, elle portait un châle blanc dans lequel elle se drapait comiquement comme dans un manteau et dont elle jetait les coins par-dessus son épaule, mais ce châle n'était pas brodé. L'avouerons-nous ? Rosine n'avait pas de gants.

Bientôt on la fêtera, on viendra verser à ses pieds les richesses du Potose : on l'habillera de soie, on emplumera son chapeau, nous la féliciterons d'être ainsi transfigurée ; cependant elle nous permettra d'en gémir un peu, car alors elle sera *lancée ;* bien des mécomptes, des trahisons, des amertumes, des humiliations l'attendront dans sa nouvelle carrière ; hélas! elle connaît déjà les déceptions de l'amour comme le prouve ce joli couplet qu'elle a inspiré.

LA FEUILLE ET LE SERMENT.

J'avais juré d'aimer Rosine,
   D'aimer Rosine.
Je l'écrivis étourdiment
Sur une feuille d'églantine,
Sur une feuille d'églantine.
   Souffla le vent.
   Souffla le vent.
Il emporta la feuille et mon serment,
   Et mon serment.
   Et mon serment.
Il emporta la feuille et mon serment.

Bientôt dans les fleurs qui seront offertes à Rosine, comme Cléopâtre elle trouvera l'aspic et nous voudrions pour elle un bonheur sans mélange, car elle est bonne, elle a du cœur. Nous qui parcourons Mabille en observateur, qui nous interdisons toutes prétentions amoureuses, nous ne pouvons nous défendre d'une pure et sincère amitié quand nous rencontrons des natures pareilles à celle de Rosine.

La Reine Pomaré.

Les B.... les F... voltigeaient sur son bec.
VERVERT.

Mlle S...... appartient à une famille qui a rempli plusieurs fonctions au théâtre du Cirque Olympique, elle-

même y fût engagée comme artiste équestre, mais là
n'était pas sa véritable vocation.

Au bal Mabille, sous le nom de Rosita, elle se fit
promptement remarquer par sa taille aussi élevée que
bien prise, par ses cheveux noirs, par sa danse originale,
par son buste porté en avant, par les coups de talon
qu'elle détache en arrière.

Un soir, au moment ou la question de Taïti passionnait
le parlement et la presse, Rosita, en faisant une brusque
et pétulante entrée dans son bal favori, bouscula par
mégarde un sergent de ville qui s'écria en se retour-
nant : quels embarras ! ne dirait-on pas que c'est la
reine Pomaré ? Le nom resta, la couronne était trop
bien placée sur la tête de Rosita pour en tomber désormais, et la nouvelle souveraine régna paisiblement sur
le jardin de l Allée des Veuves.

De visage, Pomaré ne saurait passer pour jolie, son
nez est épaté, sa face large, sous le chapeau surtout ; ses manières et son langage n'ont rien d'exquis.

Nous ne faisons cet aveu que pour rehausser encore
la gloire de la reine et le mérite transcendant qui a fran-
chi tous ces obstacles pour la porter au trône. Dès que
Sa Majesté a détaché son diadème, nous voulons dire
son *bibi*, dès que, sans écharpe et sans châle, elle dé-
ploie sa taille souple, dès qu'elle danse on comprend
qu'elle n'a pas usurpe le sceptre. Tout plaît jusqu'à cet
air insolent et dominateur qui tient l'homme à distance,
non pas cependant à une distance infranchissable. Pomaré n'a pas tracé, autour d'elle, le cercle de Popi-
lius. Dans l'intimité elle s'humanise et entonne gaie-
ment des couplets où le sel, plus ou moins attique, ne
fait pas défaut.

L'année dernière, lorsqu'elle dansait loin de l'orchestre et des couples vulgaires, faisant un *à parte* avec
Céleste, son vis-à-vis inamovible, Céleste, élancée
comme Pomaré et belle de plus, une foule si pressée
d'admirateurs se rangeait autour d'elles, que les tard-

venus apercevaient seulement la coiffure des deux
héroïnes du bal. Rarement leur regard descendait jusqu'à la taille ornée de basques.

La reine et son amie portaient l'une et l'autre des
robes coupées d'après le même modèle, et, comme l'envie cherche toujours pâture, si vous parliez à cette
époque de Pomaré, de Céleste à quelque lorette d'ordre inférieur, on ne manquait pas de vous répondre :
Ah ! oui, Pomaré, celle qui n'a qu'une robe ? — Il faut
toujours que les femmes se déchirent, et quand la ré-
putation ne laisse pas de prise, la robe est, chez elles,
ce qu'il y a de plus facile à déchirer.

Cette année, Pomaré n'a plus de caraco, mais elle
se distingue par d'énormes volants qui forment autour
d'elle, quand elle tourbillonne, une vaste cloche. Nous lui
connaissons, au moins deux robes de soie, l'une noire,
l'autre gorge de pigeon, c'est-à-dire changeante, à re-
flets gris et lilas. Sa vogue, un instant compromise par
une excursion malheureuse sur les planches du Palais-
Royal, s'est retrouvée tout entière à l'ouverture de la
saison ; dès sa première apparition, le quadrille où elle
figurait s'est vu entouré de spectateurs, mais la reine
dédaigne de se mêler aux polkeuses vulgaires ; dès la
seconde figure elle quitta le quadrille pour continuer la
danse avec son vis-à-vis, dans un endroit solitaire ; la
foule de suivre ; les autres danseuses du quadrille ne
retiennent pas un seul spectateur. Nous danserons plus
à l'aise, s'écrient-elles d'un air piqué ; mais à cet instant
des pensées de jalousie et de révolte germaient dans le
cœur de ces infidèles sujettes.

Nous comprenons facilement qu'un cercle se forme
partout autour de la reine Qu'elle est agréable à voir,
instructive à entendre et qu'il serait urgent d'attacher
un sténographe à sa cour !

Céleste Mogador.

Comme Rosita, comme toutes les idoles de la mode parisienne, Céleste reçut un surnom ; c'était à l'époque de nos victoires sur les Marocains ; on l'appela *Mogador*.

Par degrés, sans ambition déclarée, sans intrigues, sans avoir conspiré autrement que par la douceur de ses regards et par la séduction des nœuds de velours mêlés à sa chevelure, Mogador se créa, parmi les mabilliens, un parti puissant ; une insurrection s'organisa contre la reine légitime. Un beau soir, le 21 septembre 1844, au milieu de clameurs confuses, un ardent Célestin proclama la déchéance de la reine Pomaré et plaça sur la tête de Céleste une couronne de roses blanches. C'était une révolte, ce n'était pas encore une révolution ; les fidèles sujets de Pomaré protestèrent, en offrant à leur souveraine une couronne de roses rouges. Au surplus, les deux reines ne partageaient pas les sentiments hostiles qui divisaient leurs adhérents ; elles continuèrent à se faire vis-à-vis, se rattachant mutuellement leurs diadème déplacés par les chassés croisés ou par la polka. Leur amitié ne reçut aucune atteinte de cette grande soirée qui devint le sujet de bien de causeries, de bien de commérages, et dont on parlera longtemps dans le monde du cancan.

Au bal suivant, un enthousiaste de Mogador lui fit passer mystérieusement un billet contenant sept vers formant acrostiche ; elle n'en a jamais connu l'auteur ; tout ce que je puis lui dire, c'est que ce n'est pas moi.

Mogador, l'autre soir ton règne a commencé,
Oh ! que ce règne heureux ne soit pas éphémère,
Garde bien ta couronne, adorable Circé,
Assure ton empire, aimable bayadère
Dont le pas gracieux sut toujours nous charmer.
O toi, dont le regard sur tous les cœurs opère,
Ris de tes ennemis et laisse-nous t'aimer.

Un autre acrostiche était destiné à la reine Pomaré :

Pourquoi vouloir lutter et braver le destin?
O reine infortunée et que tout abandonne ;
Mogador par sa grâce et par son air lutin
A su te dérober ta légère couronne
Regarde et vois s'enfuir l'amant qui ce matin
Est fait à tes genoux ; un désert t'environne.

Ces vers qui auraient ajouté une amertume de plus aux chagrins de la reine déchue ne furent pas envoyés seuls. L'auteur fut désarmé par la noble attitude que sa majesté conserva lors de l'insurrection qui lui donnait une rivale. A l'acrostiche hostile fut joint celui-ci ; tous deux sont en route pour leur destination.

Pardonnez, grande reine, un arrêt trop cruel,
Oubliez mon erreur ; votre sceptre vous reste,
Malheur aux envieux ! si la belle Céleste
A reçu pour régner un nom béni du ciel,
Restons-nous moins soumis à vos aimables chaînes?
Et Paris ne peut-il obéir à deux reines ?

Céleste Mogador est attachée comme écuyère à l'hippodrome ; quelquefois au bal, elle s'excuse de danser, sous prétexte qu'elle est fatiguée, qu'elle a passé la journée à dompter un coursier fougueux.

Clara Fontaine.

Les sujets que la reine Pomaré partage maintenant avec Mogador ne se recrutent pas tout à fait dans le même monde que ceux de la célèbre Clara. Celle-ci gouverne à la Chaumière et au Prado ; les autres règnent à Valentino et à Mabille. Clara est issue du monde studieux, Pomaré du monde commercial. Comme l'*Almanach des écoles* le fait très-bien remarquer, Clara Fontaine est une *étudiante*, Pomaré est une *calicote*.

Clara Fontaine, qui servit d'abord de modèle aux sculpteurs, aux peintres, qui s'est vouée ensuite au quartier latin sauf une excursion faite à l'école de Metz, et a pris solennellement pour retraite une *chaire* de polka, Clara Fontaine a d'épais cheveux noirs, elle est petite, *boulotte ;* on assure que, pour retenir la jeunesse et la beauté, des secrets surpris dans les ateliers de peinture ne lui sont pas inutiles : le blanc de plomb, le bleu d'outre-mer, le carmin se marient agréablement sur sa joue et sur son col Ce n'est pas une femme c'est un tableau; on assure qu'elle doit se présenter à l'exposition de l'année prochaine.

Au surplus, nous ne demandons pas mieux que de démentir tous ces bruits, et de soutenir, quand le fait nous sera prouvé, que les lis et les roses de Clara Fontaine sont bon teint. Notre petit livre étant destiné à un immense succès et devant compter forcément les éditions par douzaine, les notabilités polkantes qui s'y trouveraient maltraitées, peuvent répondre ; nos pages leur sont ouvertes, nous ferons droit à leurs justes réclamations. Madame Mabille, nous l'espérons, aura la complaisance de nous faire parvenir tous les documents

qui lui seraient transmis pour l'auteur des *Filles d'Hérodiade*.

Est-il vrai que Clara Fontaine, dans le louable désir
de propager l'art de la danse, daigne quelquefois donner
des leçons dans un établissement public, mis sous
l'invocation du grand saint qui ramassait les miettes
de la table du riche. et que le Christ ressuscita trois
jours après sa mort?

Maria et Charlotte Corday.

Pomaré et Mogador règnent conjointement comme
deux empereurs du Bas-Empire; Clara, Maria, Charlotte
Corday ont des partis dont voici les désignations d'après
le livre des *Polkeuses*.

On appelle *Clarinettes*
Ceux qui soutiennent Clara ;
Ceux qui sont pour Maria
Se nomment *Marionnettes*.
De Pomaré les soutiens
Sont les sujets *Taïtiens*.
Les partisans de Céleste
Sont appelés *Célestins*.
Ceux de Charlotte au pas leste
On les nomme les *Carlins*.

Le parti des *Marionnettes* nous paraît le plus inquié-
tant pour le pouvoir légitime ; au physique, Maria est
un type remarquable de grâce, de souplesse et d'énergie.
Sa physionomie nous porte à juger également bien de
son moral (ne lisez pas *sa morale*).

Charlotte, enfant du Prado, rarement infidèle, en été,
aux bosquets de la Chaumière, est une beauté pâle,
mais exquise et d'une rare distinction. Elle doit le sur-

nom de Charlotte Corday au bonnet à la paysanne, qui forme invariablement sa coiffure.

La grâce et l'originalité de cette parure suffiraient pour prouver que Charlotte est artiste. Elle est peintre, en effet. On assure qu'un de ses tableaux, une copie de la *justice divine* de Sigalon, décore la fameuse galerie du maréchal Soult, Si le tableau de Charlotte ne se trouve pas dans cette galerie, il est certain qu'il mériterait d'y être.

Voici deux couplets d'une chanson dont cette divine polkeuse est l'héroïne.

Air : *De Giselle.*

Pour sa beauté pâlotte,
Un dey, un dey
Eût adoré Charlotte
Corday, Corday.

Elle est charmante et blonde,
Ses yeux, ses yeux
Transparents comme l'onde
Sont bleus, sont bleus.

Assurément Charlotte était digne d'inspirer ces vers ; elle eût même été digne d'en inspirer de meilleurs.

Rose Pompon.

Avant le roman d'Eugène Sue, qui a mis en scène une Rose Pompon, Elvire portait avec orgueil ce surnom mérité par l'incarnat de ses joues : elle est petite, fraîche et gracieuse; quand elle danse, et surtout quand elle valse, ses bras, son buste, sa tête oscillent continuellement comme agités par un ressort ; aussi a-t-elle reçu un second titre : on l'appelle souvent *le mouvement perpétuel.* Elvire aime les roses ; c'est à qui lui en offrira ; jamais un bal ne se termine sans qu'elle ait les bras chargés, encombrés de bouquets ; son corps est caché par un amas de roses ; au milieu d'elles, son joli visage apparaît seul comme une fleur qui règne sur les autres. C'est quand elle plie ainsi sous le poids des trophées, qu'Elvire aime à rencontrer Pomaré pour lui jeter un regard de défi, car Elvire est fière ; et c'est avec un accent triomphateur qu'elle jette à tous venants ces mots : ma voiture ! mon équipage ! Si, pour monter en voiture, la beauté suffit, Elvire a droit au carrosse ; elle irait à pied, si des professeurs de beau langage se tenaient aux portières, et si, pour pénétrer dans la voiture, il fallait prouver qu'on ne jure que six fois par heure.

Rose Pompon chérit l'équitation, mais son ardeur équestre s'est un peu ralentie depuis que son cheval l'a renversée et traînée dans une allée du bois de Boulogne, au grand effroi des promeneurs.

Louise la Balocheuse.

Louise la Balocheuse n'avait qu'un amant, étudiant qui l'avait soignée comme un frère pendant une longue maladie ; longtemps elle se montra fidèle, mais voici que, pendant l'automne 1844, les portes de l'école polytechnique s'ouvrent brusquement pour donner passage à deux promotions licenciées. Quel trouble n'apportèrent pas, dans les amours du quartier latin, ces écluses qui répandirent subitement, à flots pressés, une si bouillante et si séduisante jeunesse ! Que de rivalités, que d'intri-

gues, quel conflit entre la robe et l'épée! conflit dont
on ne rira pas, puisqu'il a fait au moins une victime.

On était en vacances. L'ami de Louise était parti
pour ses foyers. Un *charmant-technique* le remplaça; mais
hélas! dans trois jours, notre étudiant va revenir : une
lettre l'annonce. Trois jours seulement, s'écrie Louise,
et je n'ai eu jusqu'ici qu'un chevalier! Il m'en faut trois
pour varier agréablement mes trois derniers jours de
liberté! Les voici ; mais quel rang leur assigner? —
Nous allons jouer aux cartes. — Louise assiste à la
partie; elle parie, elle se soumet aux chances du jeu,
c'est faiblement édifiant, mais c'est historique.

Nous ne parlerons point des illustrations masculines
nées à Mabille. Chicard seul, parmi les danseurs de bals
publics, a pris des proportions dignes de l'histoire. A
Mabille, comme dans le ballet de l'Opéra, la danseuse
écrase le danseur, et cela doit être. Dans les réunions
d'amour et de plaisir, c'est à la femme qu'app   tient le
premier rang. Disons, toutefois, qu'on fait cer e ac tour
de l'élégant Brididi et de M. Pritchard; l'hiver dernier,
au bal de l'Opéra, il s'est immortalisé en réclamant,
comme son homonyme, une *indemnité*, au moment où
les gardes municipaux l'expulsaient pour une danse
aventurée.

C'est la seule fois que Pritchard ait parlé. Ce grand
homme sec, en habit noir, est taciturne comme la tombe.
Ses lunettes bleues, son visage immobile et sépulcral
rendent encore plus comique la merveilleuse activité de
sa pantomime.

Est-ce un avocat?

Est-ce un médecin?

Est-ce un apothicaire?

Est-ce un ministre protestant ou un cocher des pom-
pes funèbres? On l'ignore. Nous savons seulement qu'on
passerait des heures à voir danser Pritchard, et que son
empressement à inviter d'un geste gracieux les danseuses les plus délaissées, fait le plus grand honneur à la
bonté de son âme.

Il est des hommes à Mabille qui, sans danser, se font remarquer par la distinction de leur mise ; ils deviennent des problèmes ; on se demande leurs noms avec une vive curiosité. L'année dernière, un homme grand, jeune, orné d'une barbe blonde, intriguait beaucoup les spectateurs ; un tilbury l'avait amené. C'était assurément un personnage de haute importance, trop bien tourné pour être académicien ou député : c'était nécessairement un diplomate. Dans l'inconnu, quelques lorettes voulaient absolument voir un artiste de la plus haute volée, supposition que sa conversation justifiait assez. — Monsieur, lui disait un jeune lion, quand me livrerez-vous le précieux objet que je vous ai demandé ? — Je l'ignore absolument. — Vous n'avez pas fini ? — Je n'ai pas commencé ; je médite ; pour une œuvre d'art, il faut attendre l'inspiration. — Et le jeune lion de saluer avec respect. Enfin l'inconnu s'éclipse ; mais en reprenant son équipage, il avait laissé tomber sa carte, une lorette la ramasse et lit à haute voix : *Auguste* Dussautoy, *tailleur, rue Richelieu, n°* 26. C'était pour couper un gilet, que cet artiste éminent attendait le moment fixé par le ciel.

De cette circonstance naîtra peut-être une révolution dans notre affreux costume civilisé. Les lorettes et leurs danseurs se sont mis en quête de renseignements ; ils ont appris que M. Dussautoy, qui occupe, rue Richelieu, deux cents ouvriers, embrassait d'un regard et d'un ciseau synthétiques toutes les branches de son art ; qu'il savait habiller un dandy depuis la cravate jusqu'aux bottes, et parer une jeune dame depuis la capote jusqu'aux brodequins. De ses magasins vont sortir, au premier jour, des chœurs d'hommes et de femmes costumés dans un style nouveau, mirifique. Les habits noirs, les chapeaux en tuyau de poêle, les passes de capote imitant le cabriolet, disparaîtront couverts de honte ; le genre humain sera entré dans la robe et dans le pantalon de l'avenir.

4

Mais, c'est assez parler des hommes, tailleurs ou danseurs, Revenons au beau sexe; terminons, par un bouquet, où se croisent de nombreuses fusées, le feu d'artifice que nous tirons en son honneur.

Parmi les polkeuses les plus distinguées, les plus artistes, n'oublions pas Marie; c'est à la Chaumière qu'elle s'est illustrée. La ressemblance de son nom avec celui de Maria lui fait tort; mais Marie a ses titres personnels; quand elle a trouvé un polkeur digne d'elle, ce couple mérite d'être daguerréotypé, ou plutôt moulé en plâtre. Dans l'écrin du père Lahire, Angélina est un joyau précieux. Nous n'avons garde d'oublier cette brocheuse ambitieuse et jolie qu'on nomme Pauline Leroux; elle trouve Clara trop petite, Maria trop grande; elle compte pour les supplanter toutes deux à la Chaumière, sur sa taille intermédiaire et surtout sur ses yeux dont l'éclat ferait pâlir jusqu'au regard de Mlle Nathalie du Palais-Royal. Espérons que l'ambition de Pauline sera couronnée de succès; elle mérite de former, avec ses rivales, Clara et Maria, le trio des Grâces, et nous conseillons au père Lahire, si jaloux d'embellir son jardin, d'installer ce charmant groupe sur un piedestal pour décorer ses prochaines fêtes.

Que nous allions commettre d'injustices, en terminant ici la liste des illustrations! Oublierons-nous *Clotilde*, ou, pour mieux dire, *Clo-Clo*, qui vient de faire au bal de Sceaux une si brillante entrée? Le bal de Sceaux prétend conserver la danse de ce qu'on appelle *la bonne société*; c'est sa spécialité parmi les bals publics, il en est fier. Imaginez quel scandale dut causer Clotilde, pénétrant avec un cortége d'amis des deux sexes dans ce sanctuaire de la vertu, et se livrant aux poses aventurées qui la font applaudir à Mabille. L'autorité locale accourt tout essoufflée. — Mademoiselle, on ne danse pas ainsi. — Pourquoi cela, Monsieur? — Mademoiselle, je suis à cheval sur les mœurs. — Elles doivent être bien malheureuses de porter, par la chaleur qu'il fait, un homme aussi gros que vous.

De toutes les beautés du quartier latin, Artémise est la plus spirituelle mais aussi la plus malicieuse ; ses sarcasmes sont des flèches dentelées qui restent dans la blessure. Des traits aussi cruels ne devraient pas être lancés par une aussi jolie main ; car la main d'Artémise est délicieuse, et ce n'est pas le seul agrément de sa personne. Elle a posé pour un tableau encore inédit de *la Femme adultère*.

Joséphine, séparée d'un mari très-habile dans l'art du décorateur, pâlit et maigrit à vue d'œil depuis deux ans. Sa beauté ne périt pas mais change de nature et s'idéalise. C'était une femme charmante, c'est maintenant une ombre, une apparition. Qu'est devenu le temps où elle se promenait rue Saint-André-des-Arts, tenant par la main son neveu et sa nièce, deux enfants dont la grâce eût rempli de jalousie la mère de Diane et d'Apollon? Qu'est devenu le temps où, dans la rue de Vaugirard, puis dans la rue Jacob, le demi-jour d'un magasin prêtait tant de charmes à la figure de Joséphine et favorisait son commerce de cravates et de gants. Elle était alors passionnée, elle éprouvait ces ardeurs que rien ne peut éteindre, pas même une averse reçue, à quatre heures de l'après-midi, en plein jardin du Luxembourg.

Les polkeuses ne vivent pas toujours isolées, l'amitié, les liens du sang peuvent les réunir en groupes. L'Allée des Veuves compte parmi ses gloires deux sœurs Léon, trois sœurs Fanchon, quatre sœurs Aymon. Les deux sœurs Léon, ex actrices du théâtre Beaumarchais, affectionnent dans leurs vêtements l'azur, couleur admirablement choisie ; c'est la couleur du ciel d'où viennent les anges. C'est aussi la couleur emblématique de l'amour, aussi sûrement que le rouge est consacré à l'ambition, le violet à l'amitié, le jaune aux jouissances de la famille. Demandez plutôt à M. Toussenel, qui écrit de si charmants feuilletons sur les analogies.

Les trois Fanchon abondent dans les parages du Palais-Royal. Parmi ces dames, deux sont jolies, la troisième est spirituelle, dit méchamment une *Physiologie du bal Mabille*. Nous les trouvons jolies et spirituelles toutes les trois.

Les sœurs Aymon sont ainsi nommées, parce qu'elles sont quatre, et que ce mot *aimons* est leur refrain favori ; mais, tant que nous ne les verrons pas toutes les quatre sur le même cheval comme les fils d'Aymon, preux de Charlemagne, nous penserons qu'elles ont usurpé leur titre.

Sur le monument que nous élevons aux polkeuses, bien des noms méritent encore d'être inscrits. Arsène Chaumont, Pauline Meyer, Titine Lafont, Blanche Colbert, Cécile Chalboz, Olympe Després, Sophie Ponton, Florentine, Lucie. attendent l'immortalité ; qu'elle leur soit décernée ! Mais, nous ne pouvons buriner que des noms gracieux et faits pour la poésie ; il est peu galant d'avoir surnommé une polkeuse, Sophie, la bavarde. Il fallait être étudiant en médecine, pour accoler le sobriquet de fœtus au nom de la petite Octavie, qui rajeunit chaque année depuis douze ans. Et, nous ne saurions assez nous récrier contre les hommes sans goût, qui ont baptisé une jolie femme, *Botte en cuir*. C'étaient probablement des cordonniers.

LES SUJETTES.

En faveur des beautés que nous venons de peindre, beautés choisies, quelquefois même un peu *inventées* par la mode, une faible image de l'ancienne prodigalité française peut se reproduire durant quelques mois ; pendant les courses de chevaux on les voit en calèche au Champ-de-Mars et même à Chantilly. Un avenir leur est ouvert semé de boucles d'oreilles et tendu de cachemires; mais ce sont des chances exceptionnelles, et, même pour les individus qui font de ces heureux songes, le réveil peut être dur. Que seront, dans peu d'années, Mogador et Pomaré? Que sont devenues les Mogador et les Pomaré d'autrefois? C'est le cas de s'écrier avec le poète:

Mais où sont les neiges d'antan ?

Quelques rayons de luxe et de bien-être éclairent passagèrement dans la foule des lorettes certaines têtes privilégiées; mais quel est le sort de la masse?

Nous l'avons dit, les lorettes n'ont qu'une industrie: plaire, être aimées; cette industrie veut être exercée avec élégance, avec adresse, avec une espèce de pudeur. Très-attentives à se distinguer d'une classe plus avilie, pour laquelle elles affichent un grand mépris, afin de faire ressortir à tous les yeux la nuance qui les en sépare, elles ne demandent jamais d'argent, et n'accepteraient pas celui qui leur serait offert d'une manière directe et brutale. Ces statuts de la corporation placent chaque membre dans une situation fort critique. En apparence, les lorettes sont richement meublées, vêtues avec luxe; à les voir marcher, danser, polker, il est permis de supposer qu'elles se nourrissent; mais leur mobilier, leur ajustement, leur nourriture sont autant d'illusions qui disparaissent lorsqu'on les examine de près et qu'on veut souffler dessus.

Mobilier.

Dans leurs appartements les lorettes ne souffrent rien de vulgaire; elles sont artistes et repousseraient avec dérision le lit de sangle, la commode de noyer de quinze francs, le miroir de trois francs dont se contentent les ouvrières; il leur faut de l'acajou, du citronnier,

du palissandre, des sophas arrondis, des glaces, des éta-
gères aux pieds tordus, couvertes d'inutilités en bronze,
en cristal, en porcelaine. — A la vérité rien de tout cela
n'est payé. Cette charmante décoration peut disparaître
au premier coup de baguette du marchand, mais ne le
plaignez pas ; en faisant crédit il ne se montre pas libé-
ral, pas plus que le propriétaire de l'appartement n'est
vertueux quand il se fait prier pour admettre des femmes seules, quand il les soumet à des conditions gê-
nantes, et ne se décide à les recevoir dans sa maison,
à transiger avec sa conscience qu'en leur imposant un
prix élevé qu'il n'oserait pas exiger d'un homme. Cet
honnête bourgeois spécule évidemment sur le nombre
et sur le bon cœur des visiteurs qui seront admis chez
ses locataires. — Si l'argent se fait attendre, ses scru-
pules moraux reprennent le dessus, et la lorette, accusée
de porter le désordre dans la maison, de faire veiller
le portier, de rentrer pendant le carnaval à des heures
indues, est constamment à la veille de se voir mettre
à la porte.

Les procédés du marchand de meubles ne sont pas
meilleurs. La lorette est venue à bout d'amasser cent
francs ; on lui fournit à crédit pour 600 francs de meubles ; au bout de quelques mois, si le prix total n'est pas
payé, le marchand de bric-à-brac reprend son mobilier
sans rendre les à-compte et le tour est fait.

Toilette.

Si nous plaçons la toilette avant la nourriture, c'est
que, dans les existences aventureuses dont nous parlons,
il est plus important d'être bien parée que d'avoir à
dîner chez soi. L'affaire d'état de la lorette c'est d'être
remarquée dans les lieux publics, de s'attirer des connaissances capables d'offrir des dîners, des parties de

spectacle, *panem et circenses*, des connaissances aux-
quelles on puisse faire adroitement confidence du terme
arriéré, du déficit qui se trouve dans les finances, quand
le moment de l'intimité sera venu. Ces connaissances
utiles, il faut que la lorette, avec un douloureux abandon
de sa dignité de femme, apprenne à les distinguer de ces
galants improductifs dont la poche est vide et qui ne
sauraient offrir que de l'amour. Au lieu de chercher
dans les regards si la bouche exprime une affection
sincère, il faut qu'elle sache, la malheureuse, deviner à
travers le paletot ce que peut contenir le gousset, de la
même manière que certains *voyants* reconnaissent les
sources à travers la terre. Cet art l'habitue à trouver
aux cheveux gris, aux imperfections naturelles, des
compensations inattendues, et, dans cette vie de calcul,
une faible part est laissée au désintéressement et au
caprice.

Pour attirer les yeux, pour diriger vers soi ces hommages que l'on compte recenser, trier plus tard, il faut
être parée ; à ce but, on sacrifie tout ; dans la toilette,
dans le chapeau surtout, les lorettes concentrent leur
suprême effort financier : c'est là que règne une cabaliste effrénée, à qui restera la palme ?

On réduira son linge à un état problématique, afin de
payer bien cher, et de porter en triomphe, un frêle
chapeau de tulle, de gaze, de dentelles qu'il faudra renouveler après l'avoir mis cinq ou six fois. Comme l'appartement, comme le mobilier, la toilette de ces dames
n'est que vaine apparence et que chimère ; même en
grande tenue, aux jours de représentation, elle pèche
par la base, par les côtés secrets, mais essentiels. Que
dirons-nous de l'affreux négligé des autres jours !

Être habillée de pied en cap, sans disparate et sans
lacune, quel beau rêve, et combien on se pavane quand
on est près de le réaliser ! la femme qui possède un chapeau, un manchon, un manteau, une écharpe, est trop
fière d'avoir réuni tant de trésors pour s'en dessaisir,

et souvent elle danse, elle valse, elle polke, sans quitter
une seule pièce de cet attirail. Une raison d'économie
la porte encore à passer toute la soirée dans cet accou-
trement triomphal. On n'a pas tous les jours cinquante
centimes à dépenser au vestiaire. Et puis le manteau
peut masquer d'importants déficits comme dans l'ajustement d'Héloïse.

Comment donc la lorette a-t-elle complété sa garde-
robe? Hélas! par plus d'une rouerie : amour du luxe
d'un côté, misère de l'autre, ces deux faits en amènent
bien souvent un troisième, l'esprit d'artifice, le mensonge. Clémence voudrait faire une partie de campagne,
un samedi, avec Charles son ami de cœur; elle étale-
rait, dans la forêt de Saint-Germain, une toilette assez
satisfaisante, robe noire au corsage ouvert et lacé par
devant, manches en entonnoir, châle français imitant le
cachemire; mais elle n'a pas de chapeau mettable; elle
a bien lorgné sur un étalage une délicieuse capote de
satin blanc doublée en satin rose, prix : 15 francs. Une
grande dame va sourire; mais il existe pour l'usage des
lorettes des capotes qui ne coûtent pas plus de 15 francs
et des manchons de même valeur. Ce prix, modique
pour la femme des banquiers, est exorbitant pour Clémence qui n'a pas un sou vaillant; le héros de la fête
projetée, Charles, donnera bien dix francs pour le cou-
vre-chef, mais il est étudiant et ne saurait aller au delà.
Clémence alors avise Ernest, jeune homme timide, qui
vient la voir de temps en temps sans oser lui parler
d'amour; elle se montre pour lui coquette et lui donne
tous les signes d'un caprice, disons mieux, d'une incli-
nation naissante.—Ernest paraît douter d'une tendresse
aussi subite. — Eh bien! je vais te donner une preuve
d'amour : samedi prochain nous passerons la journée
ensemble, tu me mèneras dîner au Palais-Royal, ensuite
tu me payeras une première loge au spectacle que je
choisirai : voilà du dévouement, j'espère? — Ernest est
convaincu : toute la semaine il ne rêve qu'à sa soirée

du samedi; on se donne rendez-vous pour trois heures, dans la galerie Vivienne.—Le vendredi, Ernest arrive chez sa belle et veut parler encore des joies du lendemain. Clémence répond à peine; elle est horriblement contrariée : examen fait de sa toilette, il se trouve qu'elle manque de chapeau; elle ne pourra pas sortir : il faut renoncer au plaisir qu'on s'était promis; il y a bien de par le monde une capote de satin blanc doublée de rose qui lui irait à merveille; on l'a payée en partie, mais il reste cinq francs à donner et la modiste ne veut pas délivrer la capote sans que sa facture soit complétement acquittée. — Clémence n'a pas fini de parler que cinq francs, sortis de la poche d'Ernest, se trouvent sur son guéridon.—A revoir, cher ami, demain galerie Vivienne, à trois heures.

Le lendemain, à dix heures du matin, Clémence parfaitement attifée, heureuse de sa nouvelle coiffure, accepte le bras de Charles et part avec lui pour Saint-Germain par le chemin de fer; à deux heures et demie Ernest se fait friser, s'habille, se munit d'une lorgnette et de gants jaunes, puis il arpente la galerie Vivienne, depuis trois heures jusqu'à cinq heures passées; inutile de dire qu'il ne voit rien venir; le lendemain il rencontre Clémence sur les boulevards, elle ne paraît pas embarrassée. En spéculant sur Ernest, elle savait qu'il est incapable de frapper une femme ou même d   i dire une parole dure.

Au surplus, le jeune homme mystifié qui n'imiterait pas la modération d'Ernest aurait tort, même devant la loi. Le tribunal de police correctionnelle prêche depuis long-temps aux maris qu'ils n'ont pas le droit de battre leur femme; il enseigne également aux amants trahis que la vengeance brutale est interdite, et qu'il est illégal de reprendre, par la violence, même un chapeau mal acquis. Ecoutez plutôt une historiette extraite du journal le *Droit* :

LE CHAPEAU DE MATHILDE.

Mlle Mathilde, jeune et jolie fille de 21 ans, qui s'intitule *rentière*, se présente devant le tribunal correctionnel, pour se plaindre des procédés peu délicats de M. Léonard, jeune rapin plein d'espérance, s'étudiant à la peinture historique chez une de nos célébrités académiques. Mlle Mathilde tient à la main une capote de satin jaune serin, qu'un affreux renfoncement a réduite à l'état de capote ou de chapeau-Gibus, ce qui est tout un.

M. le Président. Mademoiselle, vous avez porté une plainte en voies de fait ; expliquez-vous.

La plaignante. Monsieur, faites-moi d'abord le plaisir de regarder ce chapeau, et dites-moi s'il est possible qu'un homme soit assez cosaque pour se permettre de pareilles horreurs... Un amour de capote de son vivant.

M. le Président. C'est le prévenu qui a mis votre chapeau dans cet état ?

La plaignante. Quel autre que ce paltoquet serait capable de cela ?... Après ça, je n'ai que ce que je mérite ; quand une femme qui devrait se respecter se détériore jusqu'à fréquenter un barbouilleur...

M. le Président. Pour quelle raison s'est-il conduit ainsi ?

La plaignante. Il vous le dira s'il le peut ; pour moi, j'en ignore infiniment.

Le prévenu. Vous ne le savez que trop, Mathilde !

La plaignante. Mathilde !.. Qu'est-ce que c'est donc que ce genre-là ?

M. le Président. Vous avez eu des relations intimes avec le prévenu ?

La plaignante, se couvrant le visage avec son mouchoir brodé. Ah ! Monsieur le président...

M. le Président. N'oubliez pas que vous êtes ici devant la justice, qui doit vous demander compte de tout ce qui peut l'éclairer.

La plaignante. Je ne dis pas ; mais quand on n'est pas préparée à une pareille question....

M. le Président. Répondez.

La plaignante. Eh bien !... c'est possible... Mais enfin ce n'était pas une raison pour m'insulter, me frapper, et me démolir ma capote.

M. le Président. Vous avez été frappée ?

La plaignante. Rien n'y a manqué ; monsieur m'a fait dans ma propre rue une scène scandaleuse, émaillée de calottes.

M. le Président. Avez-vous été malade ?

La plaignante. Vous pensez bien qu'on n'a pas comme ça les sens tournés sans que ça ait des suites... Il a fallu me faire soigner et vivre pendant huit jours de bouillon de poulet... (à demi-voix) et pas de champagne.

M. le Président. Demandez-vous des dommages-intérêts ?

La plaignante. Je demande soixante francs pour me ravoir une autre capote.

Le prévenu. Soixante francs ! c'est moi qui vous l'avais donnée, et elle ne m'en a coûté que vingt-cinq.

La plaignante. Quelle horreur ! de donner à une femme un chapeau de vingt-cinq francs ! Ah ! si j'avais su !

M. le Président. Léonard, comment avez-vous pu vous porter à de pareils excès envers une femme ?

Le prévenu. D'abord, Monsieur le président, elle vous a fait un mensonge en vous disant que je l'avais frappée ; je me suis contenté de lui arracher le chapeau que je lui avais donné.

M. le Président. Vous avez eu le plus grand tort.

Le prévenu. Faut savoir comment ça est venu... Je devais mener mademoiselle voir la *Biche au bois*; et comme elle m'avait dit qu'elle ne voulait pas y aller, parce qu'elle n'avait pas de chapeau assez frais, je lui en avais acheté un. Il était convenu que j'irais la prendre à six heures. Quand j'arrive, elle me dit qu'elle est toute mal à son aise, et qu'elle ne peut pas aller au spectacle, que ce sera pour un autre jour. Moi, je donne là-dedans, et je la quitte. Le soir, jugez de ma surprise, lorsque je l'aperçois au bal Valentino qui polkait avec un monsieur frisé, pincé, pommadé... Elle avait le chapeau que je lui avais donné le matin... Je n'ai pas voulu faire d'esclandre dans le bal, mais je l'ai guettée près de chez elle ; et quand elle est rentrée, je lui ai enlevé son chapeau, que je ne lui avais pas donné pour aller danser avec un perruquier.

La plaignante. Qu'est-ce que vous dites ? un perruquier ! C'est un artiste, entendez-vous, et qui vous vaut bien, quoiqu'il n'ait pas une barbe de capucin ainsi que vous.

Le prévenu. Un artiste en cheveux, je le veux bien.

M. le Président. Je vous répète que vous avez eu le plus grand tort. Si vous aviez à vous plaindre de cette femme, il fallait cesser de la voir, et ne pas vous porter à des excès indignes d'un homme bien élevé.

Le tribunal condamne Léonard à 50 fr. d'amende et aux dépens pour tous dommages et intérêts.

Les lorettes, pour renouveler leur parure, emploient quelquefois un grand moyen qui a sur leurs petites roueries individuelles tous les avantages de l'association,

de la vie collective sur le morcellement ; nous voulons
parler des *soirées dansantes.*

Mesdames Saint-Hyacinthe, Saint-Hippolyte, Saint-
Vallier, Saint-Maurice et quelques autres assez préma-
turément canonisées se rassemblent, se concertent, et
la doyenne du groupe adresse aux jeunes gens de sa
connaissance une circulaire analogue à celle-ci :

« Madame Saint-Hyacinthe vous invite à passer la
« soirée chez elle, telle rue, tel numéro, tel jour : *on*
« *dansera.*

« *P. S.* Madame Saint-Hyacinthe se recommande à
« tous vos amis. »

Ce *post-scriptum* est essentiel. Il importe de réunir le
plus de monde possible, afin d'atteindre le but réel de
la soirée.

Ce but, vous allez le comprendre. Un des invités se
met au piano ; chacun danse, valse et polke ; tout à
coup des cris perçants se font entendre : — Ah ! mon
Dieu ! mon chapeau neuf est perdu, Monsieur, vous
avez le pied dessus.

Il faut savoir que les chapeaux sont rangés par terre,
le long du mur, si bien qu'il est impossible aux danseurs,
même les plus attentifs, de ne pas en écraser quelques-
uns ; on comptait bien là-dessus. — L'auteur du malheur
provoqué s'exécute : il offre, soit en argent, soit en nature, un chapeau délirant, à voilette, à plumes. La belle
affligée refuse d'abord, puis elle accepte en souriant, et
le chapeau qu'on avait livré au massacre, comme le roi
David plaçait *Uri* dans les endroits périlleux, ce chapeau
relevé du champ de bataille et guéri de ses blessures,
pourra servir encore pour la promenade du matin. Le
même incident se renouvelle deux ou trois fois dans la
soirée.

— Ah ! monsieur, prenez garde, vous versez du café
sur ma robe ; c'est fini, je ne pourrai plus la mettre ;
en honneur, je n'ai rien autre chose pour m'habiller. —
Madame, vous me permettrez, je l'espère, de réparer

ma faute; nous passerons demain dans le magasin que vous choisirez (tu me croiras si tu veux, mon cher, mais je n'aurais pas taché la robe si l'on ne m'avait poussé le bras).

C'est ainsi que les lorettes se rhabillent; mais la soirée dansante, considérée comme moyen de renouveler les toilettes est une mesure extrême, qui atteste chez les visiteurs habituels peu d'intelligence ou de galanterie.

Nourriture.

Dans l'existence de la lorette, la nourriture est le côté le plus faible, nous pourrions dire le côté le plus affligeant; dans l'art de plaire, les meubles, les ajustements sont autant d'outils, mais à quoi sert de manger? tout au plus à vivre. Ce n'est pas dans cette occupation que la femme fera des conquêtes; on ne séduit personne en coupant son pain; c'est dans les mets qu'il faut porter la plus radicale économie. Déjeuner ou dîner, voilà du luxe: on pensera d'abord au nécessaire, c'est-à-dire aux plumes et aux dentelles; ira-t-on s'embarrasser de fourneaux, de poêlons, de nappes, de plats et de soupières? Lorsqu'on n'est pas assez riche pour avoir une bonne, ce qui arrive souvent, on fera soi-même la cuisine indispensable, au feu de sa cheminée, dans une série de petits pots, empruntés à tous les usages. A l'exemple des rats de la Fontaine, on placera les soucoupes, sur la commode, sur le canapé, sur le tapis, toutes méthodes représentées par Gavarni dans ses véridiques esquisses. Au premier bruit, toujours comme les rats, on fera disparaître le repas; la batterie de cuisine, le service et les mets, tout sera caché dans une armoire, à moins que le visiteur ne soit de ces gens qu'il est utile d'intéresser et qui, voyant une jeune dame prendre son café dans un pot de pommade, sont capables d'envoyer immédiatement à son adresse un déjeuner de porcelaine.

Les repas que les lorettes font chez elles, précédés d'un travail gastrosophique où elles n'excellent pas, sont toujours incomplets, répugnants pour elles ; et l'offre d'un dîner chez un restaurateur, d'un dîner qui ne sera pas interrompu, dont on sortira sans avoir faim, d'un dîner auquel on ne sera pas obligé de contribuer, ni sous le rapport du capital, ni sous celui du travail ou du talent, est une des propositions les plus désirées ; mais il ne faut pas se promettre tous les jours une pareille chance ; bien souvent on dînera peu ou point. Les macarons gagnés à la roulette des bals publics, c'est triste à dire mais c'est vrai, sont comptés pour un élément positif dans les calculs alimentaires de plus d'une malheureuse femme. Quelque insouciance, quelque dureté que les jeunes hommes s'étudient à porter dans leurs relations avec l'autre sexe, il est difficile, n'est-ce pas, de chanter, de rire, de s'amuser en ayant au bras une compagne dont le visage est pâle, dont les membres sont amaigris. Tout le temps du bal elle paraît avoir une confidence à vous faire, mais elle hésite ; vous prêtez l'oreille, attendant quelque charmant aveu ; quand elle a pris un peu de courage et de confiance elle murmure ces mots : *J'ai bien faim.*

De ces misères secrètes le monde officiel, le monde influent ne s'occupe pas. Tout au plus se permettrait-il de montrer au doigt de bien loin les Bohémiennes des bals publics aux jeunes filles de la riche bourgeoisie, comme les Spartiates montraient à leurs fils les Ilotes abrutis par le vin. Le monde des moralistes ne voit dans les souffrances de la lorette que la juste punition d'une vie déréglée ; il dit en détournant la tête : « Voilà « la récompense des mauvaises mœurs? D'ailleurs ces « femmes gagnent beaucoup d'argent, pourquoi n'ont- « elles pas d'ordre? »

Il est vrai qu'elles n'en ont pas. Louise et Eulalie demeurent ensemble, par raison d'économie ; un jour une trentaine de francs en bonnes espèces vient à leur échoir. Qu'en feront-elles? les casseroles manquent, les chaussures se détériorent, on n'a pas fait un bon repas depuis deux jours. N'importe, on obéit d'abord à la fantaisie; une partie de campagne est décidée. Voilà nos deux folles dans les rues d'Asnières devisant sur le printemps, improvisant des églogues au milieu du plâtre et des maisons à moitié bâties; des chevaux de louage leur feront parcourir les environs. Le soir venu, dîneront-elles? nullement: elles se feront servir des bols de punch dont elles agiteront la flamme. Il reste à peine de quoi payer le retour. Eh bien! pour satisfaire à la passion féminine, à la *cabaliste*, à l'esprit de lutte, d'intrigue, de rivalité, Louise, Eulalie, au lieu de revenir dans le même fiacre, loueront chacune leur voiture et promettront une prime à celui de leurs cochers qui arrivera le premier; la course commence, les voilà toutes deux riant à gorge déployée, se faisant des saluts par les portières. Quelle charmante partie! Le lendemain on déjeunera de souvenir.

Eh! mon Dieu oui! ces femmes sont capricieuses, insouciantes, entraînées par le luxe et le plaisir, mais elles sont femmes, elles sont jeunes, elles sont isolées. La nature n'a pas créé les êtres humains pour vivre seuls, aussi ne leur a-t-elle pas donné toutes les qualités, et l'individu qui n'est pas en rapport avec une société bien organisée manque d'équilibre. Louise, Eulalie sont imprévoyantes; elles le seront toujours. Il faut que d'autres personnes, que des têtes mûres veillent, amassent, économisent pour elles. Le rôle naturel de ces créatures vives, espiègles, c'est de créer le charme dans les grandes réunions, c'est d'y jeter l'élément de l'imprévu, de la fantaisie. Le caractère de ces deux femmes formerait un accord bien précieux dans ce magnifique concert, où tous les tempéraments, toutes les aptitudes natives sont autant de notes distinctes, dans cette admirable symphonie sociale que les disciples de Charles Fourier nomment une *phalange*.

LA GRISETTE.

Cette fange, d'ailleurs, contient l'eau pure encor.
Pour que la goutte d'eau sorte de la poussière
Et redevienne perle en sa splendeur prem'ère,
Il suffit ; c'est ainsi que tout remonte au jour
D'un rayon du soleil ou d'un rayon d'amour.

Comme la lorette , la *grisette* est malheureuse, quoi qu'on ait dit ; la grisette n'est pas l'ouvrière sédentaire, active, c'est l'ouvrière dérangée, qui travaille le moins possible, et qui compte sur le don de plaire pour subvenir en partie aux besoins de son existence. Comme la lorette, elle n'accepte pas l'argent gauchement offert, mais le dîner la tente, le spectacle la séduit, le bal l'entraîne. Elle exerce titulairement une profession, mais souvent son aiguille reste oisive. Dans le quartier latin où elle est le plus répandue, on la nomme quelquefois *étudiante*, parce que c'est le peuple toujours nouveau des étudiants qu'elle met en coupe réglée ; elle vit des rognures de ces existences , déjà limitées par la parcimonie des parents, elle se nourrit des miettes d'une table fort mal servie; sa vie est celle de la lorette encore plus étriquée ; la lorette, c'est la grisette en chapeau, qui a rompu sans retour avec le travail; la grisette, c'est la lorette portant bonnet les jours ouvrables, et possédant un dé et des aiguilles dans le tiroir de sa commode en noyer. La lorette loge dans un entresol ou bien au troisième, la grisette monte à la mansarde ; la lorette couche dans une gondole d'acajou, la grisette se contentera d'un lit de sangle. Souvent elle fait ménage commun avec un étudiant ; mais ces liaisons, bientôt dénaturées par la jalousie ou par la gêne sont facilement rompues, et se dénouent rarement sans laisser après elles de fâcheux souvenirs.

Souvent l'étudiant se montre despote, exclusif ; il tend à faire de sa compagne une esclave : la femme alors devient fausse, rusée, et quand la vie commune ne lui paraît plus tolérable, quand elle a cru s'assurer un placement meilleur, elle s'esquive en prélevant ce qu'elle trouve de plus à sa convenance dans le mobilier commun. Ce qu'il faut déplorer, c'est la comédie sentimentale qui lui sert à masquer sa fuite ; la veille du jour où, comme Rachel et Lia, elle disparaîtra en emportant les dieux lares, elle se sera montrée plus tendre, plus dévouée que jamais, redoutant d'être abandonnée, implorant une boucle de cheveux qu'elle puisse conserver comme un souvenir de bonheur, lorsqu'elle aura été délaissée. Que de petites mystifications viennent orner la perfidie principale ! Adolphe ne portait que des moustaches, Eugénie le supplie de laisser croître sa barbe, elle l'en aimera beaucoup mieux. Adolphe cesse de se raser ; une semaine après, au moment où son visage inculte offre à tous un aspect ridicule, Eugénie a déménagé en éclatant de rire, douze foulards dans sa poche, une pipe d'argent dans son cabas.

Ces équipées ont parfois du retentissement jusque dans les journaux judiciaires.

UNE SÉPARATION DE CORPS ET DE BIENS.

Nous citons la *Gazette des Tribunaux* :

Voilà bientôt douze ans qu'Ernest a quitté le Vendômois pour venir étudier le droit à Paris. Depuis cette époque, Ernest a pris très-exactement sa première inscription, et s'est religieusement abstenu d'assister à un seul cours de la Faculté. Si vous lui parlez Code civil, il vous répondra carambolage et pipe culottée : il ne connaît, de nos lois, que l'aptitude à hériter de ses grands parents et le chapitre Mariage. , treizième arrondissement.

Avec ces dispositions, Ernest n'aura sans doute jamais l'honneur de figurer au barreau ; mais il passe sa vie douce au milieu des vrais étudiants, qu'il appelle ses élèves, et dont il est le mentor et le cicérone quand ils débarquent à Paris. Nul ne connaît mieux que lui les lieux de plaisir : pour lui la Chaumière n'a pas de secrets et Valentino n'a pas de mystères : il connaît la biographie de toutes les carabines qui font le charme de ces deux établissements ; il sait leurs allures, leurs habitudes, leur tarif ; et tel est son empire sur l'esprit de ces nymphes, qu'aucune d'elles n'oserait manquer d'égards au jeune néophyte piloté par Ernest.

Et cependant cet homme fort, au coup d'œil si juste, aux airs si conquérants, s'est laissé attraper comme un homme de première année par une jeune fille de dix-huit ans, dont il n'avait pas su démêler l'astuce à travers un air candide.

Jenny apparaissait pour la première fois au bal de la Chaumière, où l'avait conduite une de ses compagnes d'aiguille. Tous les habitués du lieu se pressaient autour de cet astre ; c'était à qui la ferait danser, valser, polker, à qui lui ferait accepter une bouteille de bière ou un quart de bol de punch Ernest n'était pas des derniers auprès de la nouvelle venue ; profitant de son expérience du beau sexe, et de son influence sur ses camarades, il avait même fini par confisquer la jeune fille à son profit, et par ne plus la quitter de la soirée. Puis, au moment de se séparer d'elle, il lui avait glissé dans la main une petite lettre qu'il était allé écrire au café dans l'intervalle de deux contredanses.

Cette galante épître était ainsi conçue :

« Mademoiselle,

« Vous voir et vous aimer, c'est tout un. Je vous ai vue, et je
« vous aime... Que dis-je, je vous aime?... Je devrais dire :

« Je vous adore, je vous idolâtre. Il m'est désormais impossible
« de vivre sans vous, et je vous offre la moitié de tout ce que je
« possède. J'en excepte mon cœur, que vous possédez déjà tout
« entier.

« J'attends de vous une réponse qui doit me rendre le plus heu-
« reux ou le plus malheureux des hommes. »

La réponse arriva le lendemain matin, et, le soir, Ernest n'é-
tait pas le plus malheureux des hommes.

Tout marcha à ravir pendant quinze jours. Ernest faisait bien les
choses ; il avait dépensé dans cette première quinzaine les 150 fr.,
que la munificence paternelle lui expédiait pour sa dépense de
chaque mois. Cette somme, jointe à 150 fr. de dettes qu'il fit au
café et dans sa pension bourgeoise, lui permirent de vivre en grand
seigneur et de satisfaire tous les caprices de Jenny, qui se montrait, envers l'étudiant de douzième année, pleine de reconnaissance
et de tendresse.

Le seizième jour, Ernest, qui n'avait plus le sou et à qui l'on
refusait crédit, était allé chez quelques-uns de ses élèves dans l'espoir d'emprunter quelques écus. Quand il rentra à son hôtel, le
garçon lui présenta sa clef en lui disant que madame était sortie. En
entrant dans sa chambre, la première chose qu'il aperçut fut une
lettre à son adresse posée en évidence sur sa commode. Il ouvrit
précipitamment le papier, et lut ce qui suit :

« Mon ami ,

« Je té bien émé, mé je san que je ne téme plu. Jéme mieu te le
« dir tout suit que de le fer alai. Come tu ma di que tu voulé tout
« partaje avec moi, jan porte la moitiée de tou. Je panse que tu
« trouvra sa jus et que tu ne man voudra pas. Can à moi je ne tan
« veu pas pas du tou, quar sa né ta fote si je ne téme plus.

« Je t'anbras

« Genni. »

En effet, la jeune fille avait fait un partage égal de tout ce que
possédait l'étudiant ; elle avait emporté cinq chemises, deux cravates
de soie, onze faux-cols, sept paires de chaussettes, une bague en
or et trois foulards. Un joli flacon de cristal taillé et garni d'or
était sur la cheminée. Il était assez difficile de le partager ; mais la
jeune fille en trouva cependant le moyen. Elle emporta le flacon et
laissa le bouchon.

Ernest trouva la plaisanterie fort mauvaise, et il alla porter plainte au commissaire de police. La jeune grisette fut arrêtée, et elle comparaissait devant la police correctionnelle, sous la prévention de vol.

Aux questions de M. le président, elle répond : « C'est bien ça ces hommes ; quand ils ont envie d'une femme, ils lui promettraient la couronne de France ; et puis, quand ils ne l'aiment plus, ils lui font les cent z'horreurs de la vie. »

M. LE PRÉSIDENT. Mais, c'est vous qui êtes partie en emportant tout ce que possédait le plaignant.

JENNY. Tout ? par exemple ! Je n'en ai pris que la moitié, et encore bien juste.

M. LE PRÉSIDENT. Qu'importe ? Vous n'en avez pas moins commis un vol.

JENNY. Mais puisqu'il m'avait écrit qu'il m'offrait la moitié de tout ce qu'il possédait ! Tenez, lisez un peu voir ; j'ai encore sa lettre à ce monstre-là.

Jenny apprendra, par trois mois de prison, qu'il ne faut pas prendre au pied de la lettre les promesses et les phrases des étudiants.

UNE DAME QUI AIME TROP LES VIOLETTES.

Eugène est arrivé à Paris pour faire son droit Plusieurs amis de seconde et troisième année ont cherché à le lancer, à le dépayser autant que possible, mais sa nature est rebelle à la civilisation un peu risquée du quartier latin. Le *Droit* raconte ainsi les malheurs qui en sont advenus.

Ennuyé d'être sans cesse traité de conscrit, Eugène résolut d'abandonner la fréquentation des roués de la Chaumière, et de compléter seul son éducation de viveur. Il y avait bien un petit motif à cette détermination. Dans le commencement du mois d'avril, il avait rencontré, au théâtre de l'Ambigu, une jeune grisette qui paraissait fortement impressionnée des situations dramatiques du mélodrame de la *Peste noire*.

Eugène la remarqua d'autant mieux qu'elle paraissait être seule de son avis, et que ses larmes attiraient l'attention du public entier. Il se dit : Voilà une jeune fille qui a du cœur, qui est impressionnable ; c'est mon affaire, je vais lui offrir mes hommages.

On l'accueille, et à ses offres réitérées de rafraîchissements, on répond timidement qu'on ne désire qu'un bouquet de violettes. En échange de ses modestes fleurs, Eugène obtint le nom d'Amanda et le numéro 66 *bis* de la rue Neuve-Breda.

Le dimanche suivant, Eugène et Amanda étaient ensemble au théâtre de la Gaîté, et lui était heureux des larmes que le drame de la *Justice de Dieu* faisait verser à sa compagne.

Il offre des rafraîchissements. Non, lui répondit-on, un bouquet de violettes. Eugène n'est pas très-riche, et ces goûts modestes lui conviennent parfaitement.

Deux jours après, le temps était magnifique, et Amanda éprouva le besoin d'aller à Saint-Germain, dans la forêt, cueillir elle-même la violette des bois. Eugène est de plus en plus enchanté ; son Amanda a des goûts simples, c'est une fleur qui ne se plaît qu'au milieu des fleurs. Avec le prix des wagons et un modeste dîner chez le garde, il se promet bien d'en être quitte. Mais arrivée au bois, Amanda prétend que l'endroit où se trouvent le plus de violettes est fort avancé dans la forêt, il serait très-fatigant d'y aller à pied.

Eugène se laisse aller à une heure de chevaux du manége des amazones. Bah ! ça n'augmentera pas beaucoup sa dépense. Mais, par malheur, il n'y a plus qu'un cheval dans l'écurie, il en rentrera d'autres bientôt.

— Eh bien ! mon ami, dit Amanda, déjà en selle, je fais un tour d'un quart-d'heure et je reviens vous reprendre.

— Oh ! vous serez trop longtemps, vous vous oublierez dans la forêt, répond Eugène.

— J'ai besoin de violettes, répond Amanda avec mutinerie, il m'en faut tout de suite ; je pars.

— Non ! vous resterez plus d'un quart d'heure.

— Je vous jure que non, reprend vivement Amanda ; tenez, donnez-moi votre montre pour me régler ; je ne resterai pas une minute de plus ; mais il faut que je respire la violette.

Eugène consent, donne sa montre et Amanda part comme une flèche.

Un quart-d'heure se passe, puis une demi-heure, puis une heure : Eugène commence à s'impatienter singulièrement. Une autre heure s'écoule, rien encore ; Eugène est furieux. La nuit arrive, pas d'Amanda, mais son coursier est revenu seul, et a pris tranquillement sa place au ratelier.

Est-il arrivé un malheur ? L'inquiétude décide Eugène, il prend un cheval à son tour, et bat la forêt : il revient fatigué, moulu ; il n'a rien trouvé. Aurait-il été la cause involontaire de la mort de cette jeune fille, qui commençait à si bien le comprendre ? Il en perd la tête, il va devenir fou ; il veut coucher à Saint-Germain, et va

enfouir sa douleur dans un hôtel de la ville, après qu'on lui eût
préalablement fait payer le prix de location des deux chevaux.

Le lendemain, pas de nouvelles encore ; il court chez les gardes
avec le signalement de son amante ; on n'a rien vu ; la forêt n'offre
aucune trace d'accident. Enfin Eugène se décide à reprendre la route
de Paris et à rentrer dans son domicile, qu'il interdit à tout le monde,
et où il s'enferme avec ses remords. Il est dans des transes conti-
nuelles ; il craint qu'on ne vienne lui demander compte de la dispa-
rition de l'infortunée jeune fille.

Quelques jours s'écoulent, sa douleur commence à se calmer,
et il se hasarde à prendre l'air. Pour se distraire un peu du chagrin
qui le mine, il pousse le soir vers le bal du Prado.

A peine est-il entré dans l'enceinte qu'il jette une exclamation et
reste stupéfait ; c'est elle !

Effectivement, c'était bien Amanda ! Elle dansait et se livrait avec
amour, dans les bras d'un beau blond, à une polka romantique, en
usage dans ledit lieu.

—Et ma montre ! s'écrie Eugène, en s'approchant d'elle.

—Que dites-vous, Monsieur ? lui répond Amanda, je n'ai pas l'honneur de vous connaître.

—C'est par trop fort ! Suivez-moi un peu, ajouta Eugène, en tirant Amanda par le bras. Mais le beau blond s'interpose, et prie
l'importun de s'éloigner, sinon c'est à lui qu'il aura à faire. Eugène
suffoque et porte plainte.

Mlle Amanda comparait aujourd'hui devant le tribunal de police
correctionnelle, sous la prévention de vol.

La prévenue. Je n'ai jamais eu l'intention de prendre la montre
de monsieur. C'est mon cheval qui a pris le mors aux dents.

Eugène. Le mors aux dents. Un cheval de Saint-Germain !

La prévenue. Certes, il a pris le mors aux dents ; à preuve qu'il
est entré comme un furieux dans la forêt ; il m'a renversée sur l'herbe, et ma foi quand je me suis relevée, j'étais blessée, et je me suis
traînée dans une auberge.

Eugène. Une auberge au milieu de la forêt ?

La prévenue. Quand je suis revenue à moi, j'ai remarqué que je
n'avais plus la montre de monsieur ; elle était tombée dans le bois ;
elle y est encore... dans l'herbe. Qu'on fasse des recherches dans la
forêt de Saint-Germain, on la retrouvera. (Rires dans l'auditoire.)

Le tribunal condamne Mlle Amanda à trois mois de prison.

Guerre des deux sexes cherchant à se blesser dans
les parties les plus sensibles de l'amour-propre et dans
le cœur même, à s'avilir mutuellement, à s'exploiter, à

se dérober un maigre pécule, voilà ce qui, dans les
mœurs de la jeunesse actuelle, remplace trop souvent
l'amour. Trompé par l'une, on se venge sur l'autre ; la
victime du roué s'en prend au nouveau venu crédule et
candide ; en un mot, c'est une enchère interminable
de représailles, un cercle vicieux dont on ne sort plus,
sauf exception rare. Jeannette arrive à Paris avec
Alfred, un étudiant de sa province : c'est une fille
douée de franchise et de cœur, mais elle est vêtue en
paysanne, elle *patoise*. Les amis d'Alfred, au milieu
d'un déjeuner arrosé de Champagne, lui font comprendre
qu'une pareille amie lui fait tort ; elle est ridicule. Il
objecte en faveur de l'accusée quelques mots timides ;
on le bafoue, et, dans l'entraînement général, les robes,
les bonnets de la malheureuse sont jetés par la fenêtre
dans la cour ; le reste de ses bagages va prendre le
même chemin ; des hommes avinés lui montrent la
porte : elle sort, la mort dans l'âme. L'année suivante
elle n'aura plus de bonnet de paysanne ; elle sera pim-
pante, accorte et trop bien formée. Que l'ingénu de
province, que l'étudiant de première année appelé *pi-
geonneau* dans l'idiome du terroir, vienne à tomber
dans ses serres, elle le *pigeonnera* sans pitié, c'est-à-dire
elle le plumera, lui prendra le bonheur, les illusions,
la confiance dont elle fut elle-même si cruellement dé-
pouillée. Il faudra que la victime de Jeannette fasse
une autre victime à son tour. Ainsi va le monde, tandis
que le véritable amour se cache la face de ses ailes.

CONCLUSION

SUR LES LORETTES ET LES GRISETTES.

———

Si nous entrons dans ces détails, ce n'est certes pas
afin de faire sourire nos lecteurs et de leur offrir des
images plaisantes, c'est encore moins afin d'exciter en
eux des sentiments hostiles et méprisants envers les
femmes dont nous venons d'esquisser la vie. Il faut les
plaindre et les secourir.

Dans l'ordre matériel, courant sans cesse après la
splendeur, elles ne trouvent pas même le bien-être. Dans
l'ordre moral, il n'est pas un de leurs sentiments qui ne
soit perpétuellement blessé. C'est par le cœur que les
femmes ont besoin de vivre, par l'amour, par la famille,
par une ambition noble, par l'amitié. — Que devient
l'amour quand on est misérable, quand on se voit forcée,
pour subvenir aux frais de l'existence, de sacrifier ou
seulement d'associer la personne qu'on aimerait avec
dévouement à tout un groupe d'adorateurs exploitables!
Qu'il est pénible pour la femme de tendre à l'homme
une main crochue qui retient quelque monnaie de la
poche ou quelque lambeau des vêtements après chaque

étreinte ! L'homme apprend à se défendre contre les intrigues, les entreprises dont il est l'objet ; souvent il refuse de payer les lettres de change tirées sur lui par l'habileté féminine ; il se venge des roueries par des brutalités. Comme les natures grossières se font respecter et craindre, comme cependant la lorette et la grisette ont besoin de vivre, besoin de briller, il faut qu'elles cherchent à se créer des moyens d'existence aux dépens des êtres qu'on peut exploiter sans danger, qu'elles trompent surtout ces hommes pour qui une femme est inviolable, qu'elles rendent victimes de leurs mauvais tours les natures les plus confiantes, les plus loyales, les plus inoffensives, les cœurs qui éveilleraient chez elles le plus de sympathie si elles possédaient un peu d'aisance et de liberté. Quand une femme en est réduite à ce calcul, nous ne dirons pas : c'est alors qu'elle est odieuse, nous dirons : c'est alors surtout qu'elle est à plaindre.

L'amour n'est véritable et pur que s'il est dégagé de toute considération d'intérêt ; que si les sens eux-mêmes y sont subordonnés au cœur ; que si la femme, au lieu d'être soumise aux caprices de l'homme, est respectée, obéie en souveraine. Ces caractères du véritable amour, faussés du côté des lorettes et des grisettes par leur situation nécessiteuse qui les conduit à la spéculation, sont encore plus faussés du côté de l'homme par le matérialisme et la brutalité. On sait ce que signifient pour une partie, heureusement exceptionnelle, de la jeunesse, des expressions comme celles-ci : une *orgie*, la *corvée*. Nous n'ajouterons pas un mot de plus.

Quant au sentiment de la famille, comment les lorettes et les grisettes en jouiraient-elles ? Une fois qu'elles sont entrées dans leur carrière aventureuse, qu'elles ne se rattachent plus à la vie laborieuse que par un fil, que leur conduite a fait scandale, ne sont-elles pas reniées par leurs parents ? D'ailleurs, leur nouveau genre de vie exige qu'elles demeurent seules,

qu'elles puissent même, facilement, transporter leurs
pénates, et s'asseoir tour à tour, pour quelques semaines, à des foyers divers. Tout rapport avec le père, avec
la mère, avec les frères est rompu. Le père ne parle
de sa fille qu'en gémissant, comme d'un affront pour
sa vieillesse. Si elle rentre sous le toit domestique, une
scène de violence et de malédictions l'y attend peut-
être. Ainsi, les liens de famille sont brisés. Le tableau
sera plus triste encore lorsqu'ils se corrompent, lorsque la misère les dénature, lorsque le père et la mère
suivent leur fille à la piste pour la rançonner, pour
exploiter avec elle la veine lucrative qu'elle est par-
venue à s'ouvrir.

Nous avons parlé de la lorette ou de la grisette comme
fille. Que dirons-nous d'elle quand elle devient mère ?
C'est encore un sujet poignant que nous ne voulons pas
traiter. Les misères physiques et morales que nous dé-
crivons doivent en faire soupçonner de plus grandes encore que nous laisserons voilées.

L'amour et le sentiment de famille, voilà les cordes
qui, dans le cœur féminin, sont destinées à vibrer le
plus ; mais il en est d'autres sur la même lyre ; les
femmes ont leur ambition, elles aimeraient la gloire :
briller, régner, parvenir, ces mots ont pour elles un
prestige, et, sans aucun doute, la société de l'avenir, la
société organisée suivant la Providence, aura pour la
femme, aussi bien que pour l'homme, des couronnes,
des sceptres, des quadriges, des triomphes et des fanfares. Mais aujourd'hui, quels sont les triomphes, quelle
est la gloire, que devient même la dignité personnelle
de la femme que vous coudoyez dans les bals publics ?
La mode, la fantaisie ont leurs élues d'un jour ou d'une
saison ; mais regardez de près, il n'est pas d'humiliation
dont la lorette et la grisette soient complétement à
l'abri. Chaque jour elles peuvent être injuriées, frap-
pées, et, dans le dénoûment de plus d'une intrigue
amoureuse, la cravache a figuré.

Une lorette, racontant le divertissement qu'elle a trouvé au bal de l'Opéra : « Il faut te dire, ma chère « amie, que j'étais très-bien déguisée; je portais le « costume du duc de Richelieu, dans *Mlle de Belle-* « *Isle*, avec un masque noir; j'ai eu un succès fou. Des « jeunes gens, que je connaissais un peu, m'invitèrent « à souper; j'accepte : nous allons chez un restaurateur « vers quatre heures du matin. On se mettait à peine à « table, qu'un homme à moustaches ouvre la porte et « demande à me parler pour une affaire importante; « je le suis, mais, en le regardant de près, je recon- « nais un officier qui était venu me voir autrefois. Un « jour qu'il était en visite chez moi, ma chère, et qu'il « avait laissé sa canne, son chapeau, son manteau dans « l'antichambre, ma revendeuse à la toilette vient me « tourmenter pour une cinquantaine de francs que je lui « devais depuis six mois; elle me tire à l'écart et me « fait des menaces. Ma foi! j'ai donné tout de suite en « payement le chapeau, la canne, les gants et le man- « teau de mon officier. Croirais-tu qu'il ne me l'a pas « pardonné? Et quand, à l'issue du bal de l'Opéra, il « s'est trouvé seul avec moi, il en est venu tout de « suite aux voies de fait. — Monsieur, y pensez-vous? « J'ai des amis dans l'autre pièce; si je dis un mot, je « vous fais assommer.—Tu n'as qu'un mot à dire pour « cela? Eh bien! dis-le (et il a continué de plus belle).

« Tu sens bien que je ne pouvais pas appeler au se- « cours; je me trouvais avec des jeunes gens très-res- « pectueux, qui se conduisaient avec moi comme avec « une grande dame. Je ne voulais pas leur faire savoir « ce qu'on se permettait à mon égard. »

A ce récit, très-authentique, nous joindrons le triste mot d'une grisette qui disait, pour exprimer que ses relations avec un étudiant avaient été intimes et longues : *j'ai reçu plus de coups de lui que de mes parents.* C'était beaucoup dire.

On ne réforme pas les mœurs par des conseils seule-

ment, mais surtout par des institutions; aussi perdrons-
nous peut-être les paroles que nous allons prononcer.
N'importe! nous dirons qu'on ne saurait voir sans ré-
probation l'homme qui a frappé une femme, quelle qu'elle
soit et quelque trahison qu'elle ait commise. Il émane
de la femme un charme qui doit protéger ses actions et,
si l'on peut en souffrir, il n'est pas permis d'en tirer vengeance. Faut-il donc citer en exemple aux Français, les
lois d'un peuple à demi-barbare ; devons-nous leur rappeler la maxime du législateur indien, Manou :

« Ne frappez jamais une femme, eût-elle commis cent
fautes; ne la frappez pas, même avec une fleur. »

La bohémienne de Paris a d'autres contacts à craindre
que celui d'une jeunesse bien gantée. L'inspecteur, le
garde municipal, le sergent de ville ne ménagent les polkeuses ni du geste ni de la voix. Un groupe, un rassem-
blement viennent-ils à se former dans un bal public, il
suffit qu'une femme en soit l'occasion pour que l'autorité
lui donne tort. Peut-être elle vient d'être indignement
offensée, n'importe, elle cause du trouble, un agent mar-
chera droit à elle, lui ordonnera de circuler, la poussera
même dans une autre partie du bal; qu'elle réponde, —
à la porte! — Qu'elle résiste, — en prison!

Et les excentricités de la danse, comme elles sont
promptement, sévèrement réprimées chez la femme,
tandis qu'on y regarde à deux fois avant d'arrêter les
écarts de l'homme, qui pourrait se défendre et tenir
tête!

La conduite des hommes de police a ses excuses;
dans les bals publics ils jouent un rôle fort utile. Comme
la police n'est pas chargée de remédier au vice des institutions sociales, mais d'arrêter les désordres immi-
nents et actuels, comme elle est sans illusions et voit
dans les femmes qu'elle est chargée de contenir, des
êtres dangereux, des anguilles qui glissent dans les doigts
quand la main, qui les a saisies, manque de fermeté, elle
se croit en droit d'agir à sa manière et de se montrer

brutale dans une atmosphère de brutalité. Cependant il serait possible de concilier l'énergie avec des formes un peu moins dures, de maintenir entre les deux sexes la balance plus égale et d'admettre moins légèrement cet *à priori : c'est la femme qui a tort.*

La triste danseuse des bals publics n'est pas au bout de ses déboires. Nous n'avons rien dit de sa vieillesse, de sa mort, de l'amphithéâtre où souvent l'étudiant en médecine la retrouve pour la dernière fois.

L'amitié du moins viendra-t-elle consoler cette femme des blessures, de la mutilation qu'ont souffertes les autres parties de son cœur? Oui, quelquefois; mais, en général, les avocats ne s'aiment pas entre eux, les médecins se détestent; dans tous les sexes, dans tous les rangs, la concurrence met de l'aigreur dans les rapports de ceux qui se disputent la clientèle. Les lorettes et les grisettes vivent aux dépens d'un public avare : à la concurrence industrielle se joint quelquefois une jalousie sincère, et qui prend sa source ailleurs. Nous laisserons à penser quelle peut être la douceur de leurs sentiments mutuels. Quand on se rencontre, on se mesure, on se toise du voile aux souliers; il s'agit de savoir si l'ennemi est bien équipé pour entrer en campagne; en un clin d'œil on a trouvé le défaut de l'armure. Il y a six mois qu'on ne s'était vu. De part et d'autre, on s'inquiète peu de la santé, mais on distingue, on reconnaît, on évalue tout objet de toilette supprimé, ajouté ou *ripatonné ;* le moindre détail n'échappera pas. — Comment se porte Félicité? — *Réponse:* — Elle a maintenant un crispin.

Malgré les effets de la concurrence anarchique, illimitée, qui aiguise dans les mains de toutes ces dames le stylet de la médisance, on les trouve souvent deux à deux, logeant et se promenant par couples inséparables : c'est qu'il est agréable d'avoir une société constante, de trouver sans cesse à qui parler : c'est aussi qu'on a réfléchi sur les avantages économiques de l'association. Lorsqu'on est deux, les charges de l'appartement, de l'éclairage, de chauffage, de la nourriture, sont bien allégées; mais il suffit souvent de causer quelques minutes séparément avec chaque *amie*, sur le compte de son inséparable, pour savoir à quoi s'en tenir quant à la sincérité de cette amitié; souvent elle sert de voile à des spéculations fort tristes.

Exemple : Amélie, dans la première fleur de sa jeunesse, ne se montrait au bal qu'en cheveux ; ses joues lisses ne craignaient pas, cherchaient même les regards de tous. Depuis, elles se sont flétries; la main du temps s'imprime de plus en plus sur ce visage autrefois si frais : les adorateurs s'éloignent, la place n'est plus tenable. Amélie remarque alors une ingénue arrivant de province, et qui fait, soit à Valentino soit à Mabille, ses premiers débuts. Amélie se charge de la guider, de la moraliser, se l'attache à titre d'amie. Bientôt on ne les voit plus qu'ensemble. La jeunesse de Delphine ranime comme par un reflet la beauté d'Amélie qui, du reste, fait l'usage le plus savant du faux tour, de la voilette, et place toujours son amie en avant d'elle, comme une amorce. Ce sont deux femmes charmantes, du moins elles en font l'effet; le flot des admirateurs se porte vers elles, et, quand Amélie se voit tout à fait hors de combat, lorsque ses prestiges ne sauraient plus contribuer d'aucune manière à la prospérité de l'association, elle persuadera longtemps encore à Delphine que les conseils d'une haute expérience sont d'une valeur inappréciable pour une jeune femme qui pourrait se *compromettre ;* c'est à tire de mentor, de protectrice qu'elle vivra comme une plante parasite aux dépens du myrte naissant.

De pareils faits ne laissent-ils pas dans les esprits une impression douloureuse? N'êtes-vous pas ému de compassion lorsque vous voyez au milieu de nos cités tant de femmes, privées du bien-être matériel, ne pouvant compter sur le pain de chaque jour, et dépouillées par degrés, ce qui est plus cruel, de toutes les richesses de leur cœur, cœur généreux, qui était capable d'amour exalté, de sentiment filial et maternel, d'ambition noble, d'amitié sainte, lorsqu'il est sorti des mains du Créateur ! Si vous êtes saisi de pitié quand vous reconnaissez un corps humain déformé par une chute, n'est-il pas encore plus pénible de voir dans l'avilissement une âme dont la dignité native se reconnaît encore à plus d'un trait! La femme des bals publics se montre dévouée, désintéressée par intervalles. Courbée sous la main de fer du besoin, elle demande, elle extorque, mais combien il lui serait plus doux d'offrir ! Souvent, contradiction singulière ! au moment où toutes ses ressources vont lui manquer, la veille du jour où peut-être il faudra se montrer intrigante, exigeante, harpie, elle réunira les deniers qui lui restent et fatiguera ses yeux pour broder à la clarté de la lampe une cravate, une bourse, un souvenir toujours élégant, presque luxueux, dont à peine elle souffrira qu'on la remercie Comprenons ces protestations du cœur contre les conditions sociales qui l'étouffent, contre l'indigence qui le retrécit; sachons assurer à la femme dignité, noblesse, par la liberté, liberté par l'aisance, aisance par un travail assorti à sa nature, et raisonnablement, sérieusement rétribué.

Ce programme ne saurait se réaliser sans une transformation salutaire, pacifique mais profonde de nos institutions et de nos mœurs. Du travail sans chômage, sans morte-saison; du travail qui ne soit pas excessif, qui ne détruise pas la beauté, la santé, qui n'abrége pas la vie; du travail assez fortement, assez régulièrement payé, pour que l'ouvrière puisse suffire à ses besoins par son aiguille, sans qu'elle soit forcée de s'asservir à l'homme, voilà ce que la fille du peuple cherche en usant sa jeunesse; voilà ce qu'elle ne trouve jamais

Nous allons dire un mot de l'ouvrière et de ses douleurs, ce sera sortir de notre sujet. L'ouvrière qui rentre dans son taudis à huit ou neuf heures du soir, à peu près à jeun, après avoir travaillé quatorze ou quinze heures, n'a que deux choses à faire : improviser son souper plus que modeste et se coucher. La fatigue et la faim ne lui permettent pas de se parer ni de se rendre au bal ; si elle s'y montre, c'est le dimanche, et ce n'est pas Mabille qu'elle choisit. On n'arrive guère sans payer de voiture à ce bal, situé dans une partie excentrique de Paris, et la toilette de la véritable ouvrière y serait trop écrasée par les plumes des belles oisives.

L'ouvrière n'est pas habituée des bals publics, ce n'est pas à ce titre que nous la peindrons ; mais, il est utile d'appeler l'attention sur les misères de sa vie, ce tableau fera comprendre comment tant de faibles natures attirées par le plaisir, voulant conserver la jeunesse, la santé, la vie, se détachent de la tribu laborieuse où tous ces joyaux sont broyés par une roue inexorable ; il fera comprendre comment il est impossible à la jeune prolétaire de rester digne, active et pure, à moins d'être douée d'une fermeté d'âme exceptionnelle et d'une vigueur physique encore plus merveilleuse ; comment il y a si peu de Rigolettes et tant de Fleurs de Marie ! On ne glorifie pas assez les unes, on n'est pas assez clément pour les autres ; on néglige trop de les secourir toutes.

L'OUVRIÈRE.

A la femme qui est encore esclave sur une grande partie de la terre et dont le noble génie est partout comprimé ! A la femme qui est abreuvée d'amertume au sein même des riches familles ! A la femme du peuple dont l'existence est si pénible, le travail si précaire et si mal rétribué ! Eclairés par la théorie de Fourier, sachons venir à son aide, et qu'avec l'indigence disparaisse la prostitution, cette lèpre hideuse, cette honte éternelle pour les peuples qui l'auront subie lorsque la science sociale leur offrait les moyens de s'en affranchir.

Toast porté au banquet phalanstérien du 7 avril 1845.

La Vierge sage, cousant du matin au soir et demeurant pure, subvenant à ses dépenses par le fruit de son travail, mettant même à la caisse d'épargne quelques économies, qui lui serviront de dot et lui permettront d'épouser un jeune ouvrier du voisinage, voilà un roman que vous trouverez souvent dans les livres, presque jamais dans les faits.

Sous le rapport du travail, de l'économie, de la sobriété, de la patience, l'ouvrière est supérieure à tous les types que l'imagination d'un moraliste pourra créer, mais elle n'attend pas, elle ne peut attendre le mariage pour associer à sa destinée un compagnon..... Elle sait trop bien ce que c'est que le mariage dans la classe pauvre, pour être pressée de s'y asservir. Elle sait comment

6

l'homme exploite le travail de la femme, et va dépenser à la barrière les deniers péniblement amassés à la pointe de l'aiguille. Elle sait comment la mère de famille passe de longues journées, assiégée d'enfants nus, qui demandent inutilement du pain. Plus d'une fois, elle a entendu des cris partir des mansardes occupées par ses voisines. C'était le seigneur et maître qui rentrait les poches vides, ivre, souillé de boue, et qui, sur le premier reproche, sur la première observation, sur la première plainte, en venait aux coups.

L'ouvrière a pu, dans les phases de sa triste existence, faire quelque séjour à l'Hôtel-Dieu; elle aura su que, dans la partie consacrée aux malades de son sexe, dans la salle des blessures, presque tous les lits sont remplis par des femmes qu'on apporte à moitié assommées par leurs maris. L'ouvrière sait tout cela; des nœuds perpétuels l'effraient; les hommes de sa classe lui inspirent une vive répugnance, répugnance insurmontable pour peu que son quartier soit fréquenté par une jeunesse élégante, celle des écoles, du commerce ou de l'armée.

L'ouvrière ne se marie qu'à son corps défendant; toutefois elle ne vit pas seule, il lui faut un amant. Le besoin d'une société, d'un confident, l'attrait naturel qui rapproche les deux sexes suffit, aux yeux de bien des gens, pour faire excuser cette faiblesse. A ceux qui persisteraient à la blâmer, nous dirons que l'ouvrière y est contrainte. L'amant, pour elle, est un objet de première nécessité. Elle doit trouver un homme *qui l'aide;* son salaire est réglé là-dessus; pour prix d'un travail écrasant, d'un travail qui la mine, on lui donne, suivant sa profession, suivant son mérite, suivant les saisons, quelquefois 40 ou 50 sous, à la vérité, mais quelquefois aussi 15 sous, et en moyenne générale 25.

Je sais que l'ouvrière vit de peu, qu'elle passe quelquefois des journées sans manger et sans se plaindre, qu'elle fait son lit, balaye sa chambre, qu'elle est à

elle-même sa cuisinière, sa blanchisseuse, sa couturière. Malgré tout cela, de bonne foi, croyez-vous qu'a-
vec 7 ou 8 francs par semaine elle pourra se loger, se
nourrir, se chauffer, se vêtir, s'éclairer, se blanchir, se
soigner en cas de maladie? Dans la terrible concurrence que se font aux portes de l'atelier, les ouvrières
affamées, celle qui se contente du moindre prix est
nécessairement préférée; la jeune fille sans amant ne
pourrait pas même entrer en lutte. Elle devrait se re-
tirer à l'écart et mourir.

Peu d'ouvrières échappent à cette nécessité : ce sont
les femmes mariées, qui souvent, au lieu d'être aidées
par un amant, sont durement exploitées par un é . . :
celles-là ne gagnent pas au change. Ce sont encore les jeunes filles dont les parents habitent Paris, logées, nour-
ries au milieu de leur famille, elles sont habituellement
libres de consacrer leurs petits bénéfices à leurs dépenses personnelles. à leur toilette surtout; celles-là rela-
tivement sont heureuses ; quand elles prennent un
amant c'est pour leur plaisir. D'autres, avec temps
et du labeur, sont parvenues à s'affranchir e veux
parler des *premières*, des ouvrières les plus anciennes
et les plus habiles de leur magasin ; attachées à perpé-
tuelle demeure à l'établissement, formant un cadre
d'officiers qu'on ne licencie jamais alors même que la
morte-saison amène la dissolution du corps de troupes,
elles reçoivent chez la maîtresse, le logement, la nourriture ; leurs appointements sont élevés, mais ces privilégiées représentent des générations sacrifiées au service
de l'industrie; elles ont gagné leurs chevrons sur un
champ de bataille où restent bien des martyrs.

L'ouvrière, en général, n'est pas sans amant. J'appelle sage, honnête et pure celle qui n'en a qu'un à la
fois et qui ne le vole pas. L'amant fournit une subven-
tion, dont la moyenne est de 50 francs par mois, sans
compter quelques dîners et menus cadeaux. S'il était
vieux ce serait plus cher.

Il ne faut pas, ici, faire de la déclamation, s'indigner contre la femme qui accepte ce marché, qui le sollicite, ni contre l'homme qualifié, dernièrement par M. Michelet, écrivain sans préjugés pourtant, de *misérable qui abuse de la faim*. L'ouvrière n'aspire ni à la couronne de rosière, ni au voile de vestale ; il lui faut un appui, les besoins de chaque jour le lui font sentir impérieusement. Elle s'éloigne du mariage pour des raisons très-frappantes ; l'étudiant, l'officier, le commis, le calicot même qui doit unir temporairement sa destinée à la sienne, n'est pas un Faust qui triomphe d'elle par des prestiges diaboliques , un Lovelace qui la séduise, qui la pervertisse, qui lui fasse manquer sa destinée ; il serait superflu d'employer avec elle les sortiléges et les boissons narcotiques. Si l'homme la cherche elle cherche l'homme. Les sens, le cœur et le déficit pécuniaire l'y déterminent ; voyez quand on la suit comme elle tourne la tête, comme elle engage facilement, avec ses voisins , des signaux télégraphiques par les croisées ; comme elle est prodigue de confidences envers les amies qui pourraient lui faire connaître *quelqu'un de bien comme il faut*.

La femme est forcée de se vendre, l'homme est forcé de l'acheter. Est-il nécessaire d'énumérer ici toutes les causes qui peuvent rendre, pour lui, le mariage impossible ; on paye une maîtresse, à la vérité, mais il faudrait payer une femme légitime et la payer baucoup plus cher. L'homme *sans position*, fût-il plein de mérite et spécialement d'horreur pour le désordre, est poussé par les conditions sociales vers l'ouvrière comme celle-ci l'est vers lui ; quand tous deux se rencontrent, quand ils se lient, quand l'amant remplit fidèlement les engagements qu'il a pris, quand il traite sa compagne avec égards, la soigne dans ses maladies et l'empêche d'entrer à l'hôpital, dont le nom, pour la fille du peuple, exprime le dernier des malheurs et la suprême humiliation ; quand la femme est certaine d'être protégée, aimée, nous cherchons vainement un *misérable*, nous voyons deux êtres associés pour se rendre l'existence moins pénible. L'homme que nous venons de peindre doit-il être flétri? Demandez à sa compagne, c'est elle qui vous répondra.

Il y a du mal dans tout cela, mais non par la faute des individus. Il y a du mal en ce que des liens se forment en dehors du mariage, seul honoré par l'opinion, seul consacré par la loi, seul béni par le culte. Il y a du mal en ce que la formule officielle et légitime de l'union des sexes, cette formule à laquelle sont attachés par la société, par la religion, par les mœurs, les devoirs réciproques, les droits des enfants, la constitution de la famille et l'héritage, est débordée. Le principe d'ordre posé par la société cesse de régir tous les faits, c'est un vrai malheur; mais pourquoi cette formule est-elle si étroite? pourquoi ce mariage est-il inabordable et terrible, excluant les pauvres, enchaînant pour toujours les natures les plus contraires? pourquoi cette société n'est-elle pas plus intelligente et ne trouve-t-elle pas les moyens d'attacher à l'union légitime, moins de conditions, de difficultés et de charges?

Nous regrettons que les ouvrières se voient conduites à des liaisons mises en dehors de la loi sociale; nous regrettons encore que ces liaisons ne soient pas complétement désintéressées, mais le mariage l'est encore moins. Le grossier mélange des questions pécuniaires avec les questions d'amour et de convenances personnelles, régit l'union des sexes à tous les degrés. Tant que la *demoiselle* de la société, comme la couturière, n'en seront pas affranchies par une évolution pacifique de la société, tant que l'industrie de la femme sera nulle ou peu productive, tant que la femme se verra obligée de vivre, en tout ou en partie, aux frais de l'homme, nous ne blâmerons point la prolétaire de faire ses conditions, de stipuler des garanties Ce contrat devient exigence chez la grisette, rapine chez la lorette parce que le travail intermittent de la première, la complète oisiveté de la seconde, le goût des plaisirs et du luxe développe chez toutes deux, ouvre à leur demande une carrière infinie. Ce contrat, limité par l'ouvrière honnête à la mesure de ses besoins, est une transaction entre l'époque barbare où la femme était asservie sans compensation, exploitée sans merci, et ces temps plus heureux où affranchie par ses mains, puisant sa liberté, son aisance dans son activité mieux appréciée, mieux rémunérée, elle ne consultera, dans ses choix, que l'amour, se donnant avec dignité, ne cédant plus, ni à la violence ni à la gêne.

Aujourd'hui, les ouvrières ne peuvent donner gratuitement leur amour ; il faut qu'elles y trouvent le complément _ leur salaire : chacune d'elles a son amant, comme elle a son bonnet, son cabas, sa chaufferette. *Il* va la voir chez *elle* tous les soirs, entre 8 et 9 heures ; et souvent il l'attend à la sortie du magasin pour la reconduire. Le dimanche il la promène.

Les confectionneuses qui emploient l'ouvrière dans leurs ateliers ne peuvent pas ignorer cette situation, dont elles connaissent aussi les excuses ; mais la classe moyenne n'est pas la seule où l'hypocrisie soit admise ; la pruderie mensongère descend plus bas : gravement soupçonnée de liaison illégitime, l'ouvrière célibataire est mal vue ; la qualité de demoiselle rend, dans certains magasins, l'admission difficile. On est forcé de mentir, de se créer un époux, et le titre de *Madame* sert de passe-port à bien des travailleuses qui n'y ont pas droit suivant le Code.

Si notre lecteur aussi pouvait mépriser l'ouvrière qui ne vit pas sans appui, quel sentiment éprouverait-il donc pour celle qui n'a point d'ami en titre, qui n'est protégée par personne? C'est celle-là surtout qui est contrainte à faire un fréquent oubli de sa dignité.

Nathalie, coiffée d'un simple bonnet, passait sur le Pont-Neuf, en reportant de l'ouvrage ; un jeune homme,

Adolphe, la remarque, la suit, lui parle et ne se voit pas repoussé. Nathalie lui fait entendre qu'elle repassera bientôt sur le Pont-Neuf. Notre jeune homme l'attend et ne l'attend pas inutilement ; il obtient la permission de l'escorter jusque chez elle ; une intime conversation s'établit.

Nathalie raconte comment elle est née en Normandie, comment sa destinée fut associée pendant trois ans à celle d'un officier de cavalerie. Le régiment est venu tenir garnison à Paris ; Nathalie alors fut installée dans ses meubles ; elle les montre avec orgueil : lit, commode, chaises, table, chenets, rien n'y manque. Mais la trompette a sonné : le capitaine est parti pour d'autres séjours avec une nouvelle conquête. Comme Nathalie est dans ses meubles, que, par suite, elle inspire de la confiance et ne peut disparaître du soir au lendemain, comme l'ouvrière d'hôtel garni, on lui confie de la couture à confectionner chez elle, elle travaille du matin au soir ; mais hélas ! sans suffire aux premières nécessités de la vie ! Elle a besoin de faire une connaissance utile ; voilà pourquoi sur les ponts, dans les rues, elle regarde autour d'elle, accepte les lettres, entame volontiers la conversation. C'est un rôle dont elle souffre, mais qui lui est imposé. Si elle trouvait un ami qui voulût bien venir à son secours, combien elle se montrerait reconnaissante et fidèle !

Adolphe se laisse attendrir. Nathalie a le visage trop normand, les yeux perçants, mais petits et gris, la voix paysanne ; elle confesse vingt-deux ans ; elle en a probablement beaucoup plus ; mais elle est grande, svelte, cambrée. Si notre visiteur est loin d'être amoureux, il est tenté de faire une œuvre charitable, en rendant par l'association cette existence moins dure ; Nathalie, dans sa physionomie lit toutes ces pensées : elle en palpite de joie. — Monsieur, je suis bien fâchée que vous m'ayez rencontrée en négligé : mes cheveux ne sont pas seulement peignés ; voulez-vous que je me mette en ban-

deaux ?— Faites. — Tenez, comme ceci, mes cheveux
blonds bien lissés ne font pas mal ; attendez, maintenant je vais faire *des anglaises*. Comment me trouvez-
vous ? — Parfaitement bien. — Monsieur vous ne m'avez
vue qu'en peignoir, je vais mettre ma robe de soie ; je
n'ai pas de corset ; mais c'est égal, je suis naturelle-
ment très-mince.

Nathalie agrafe la robe de soie noire garnie de lisérés en velours ; sa taille est en vérité très-élégante, son
buste forme le vase. — Allez-vous quelquefois au bal
Mabille, lui demande le visiteur ? — Quelquefois. Je vais
l'hiver à Valentino ; maintenant j'irais à Mabille, *si je-
vais quelqu'un ;* mais seule, on s'ennuie beaucoup ; puis
on est accostée par tout le monde : des gens qui ne
veulent rien faire pour vous, qui ne s'attacheront jamais
à une femme, se croient en droit de la persécuter avec
leurs galanteries.—Viendriez-vous ce soir à Mabille avec
moi ?— Oh ! Monsieur, je serais trop contente ; que je
suis heureuse de vous avoir rencontré. Je vous aimerai
bien, vous verrez ; vous me plaisez déjà beaucoup ; je
vous trouve très-gentil. — Eh bien ! je vous prendrai ce
soir entre 8 et 9 heures ; s'il m'était impossible de venir,
je vous écrirais. — Oh ! Monsieur, pour la première fois,
il vaudrait mieux venir ; manquer à un premier rendez-
vous, cela ne donne pas de confiance.— Comment vous
habillerez-vous ? — Comme vous voudrez, Monsieur ;
j'aurai ma robe de soie ; mais faut-il que je mette mon
écharpe noire ou mon écharpe blanche ? (Nathalie, dans
une attitude d'esclave, tient ces deux écharpes, attendant un regard du maître, pour adopter l'une ou l'autre).
—Ma chère amie, il faut qu'une femme soit libre au
moins dans le choix de ses vêtements ; mettez l'écharpe
qui vous plaira. — La blanche alors ? — La blanche. —
Tenez, Monsieur, regardez mon chapeau ; voyez comme
la toilette me sied bien (Nathalie se juche sur la tête
un chapeau de paille dont la passe colle sur son front
et descend jusque sur ses yeux, système de coiffure du

plus mauvais genre et qui fait montrer une femme au doigt dans les rues. Sur le chapeau de paille flotte un grand voile.

Nathalie, dans cet attirail, attend une décision sur sa personne, les bras croisés, dans la pose d'une Circassienne inspectée par le pourvoyeur d'un pacha. L'arrêt favorable se faisant attendre, Nathalie, pour déployer toutes ses graces, commence un avant deux dans le style de la Chaumière, avec mouvements de hanches et coups de talon qui relèvent le bord de sa robe ; de la danse, elle passe à la polka.

Le spectateur, au lieu de rire, souffre de voir une femme aussi humiliée. Cette servilité lui répugne ; le regard de Nathalie, ce regard en dessous, du chien qui a peur d'être battu, lui fait mal. Il se demande si c'est par la faim ou par les coups de cravache que la femme, être si fier, a pu être ainsi dégradée. Enfin, le dégoût l'emporte sur la compassion ; tout en plaignant Nathalie, il ne peut en faire sa compagne. Il disparaît il ne reviendra plus, n'écrira pas même de lettre, et Nathalie ne gardera de cette entrevue, ou plutôt de cette exhibition, de cette parade, aucun vestige ; ah ! je me trompe, elle trouvera 10 francs sur le coin de sa cheminée.

Nathalie est malheureuse, faute de rencontrer un ami ; cependant elle a ses meubles, point très-important. Avoir ses meubles, c'est emporter de l'ouvrage chez soi, c'est travailler à ses heures, c'est être libre. Quand on a ses meubles, on peut recevoir directement des commandes du public et se faire payer son travail ce qu'il vaut sans être dîmé par les marchands et autres intermédiaires. On peut se lever tard, quand on s'est fatiguée la veille. On peut faire son pot-au-feu pour trois jours ; on a le temps de se fabriquer des aliments sains ; on n'est pas obligée d'acheter précipitamment, dans une boutique du voisinage, de la charcuterie, ce poison lent qui mine les ouvrières de magasin. Pour que l'ouvrière ait une existence non pas heureuse, mais supportable, mais possible, il lui faut des meubles et un ami utile. Nathalie n'a que le premier de ces éléments. Allons visiter Léontine et Sophie, qui ne possèdent que le second.

Bien des ouvrières arrivent à Paris sans se faire une idée de la concurrence qui va les y dévorer; elles comptent sur leur petit mérite, applaudi en province et qui va s'effacer à Paris comme la lueur d'un flambeau devant le soleil. Elles ont foi dans leur aiguille et dépensent, sans souci du lendemain, leur pécule modeste. Echouées dans un hôtel garni, souvent à la suite d'une violente tempête morale, de grandes agitations du cœur, elles croient n'y demeurer qu'une semaine, elles y restent des années.

Léontine demeure au sixième; sa chambre, étroite, mal aérée, malsaine, lui coûte vingt-deux francs par mois. Elle est fort mal montée en vêtements. La pièce la plus précieuse de sa garde-robe est un pardessus noir à lisérés de velours; il avait coûté 50 fr.; mais, un dimanche, à dix heures du matin, Fanny, une amie, une compatriote, encore plus dénuée que Léontine, est venue emprunter le pardessus pour s'en faire honneur dans une visite importante, une entrevue d'où son avenir peut dépendre. On rapportera le pardessus dans deux heures. Léontine consent à confier son trompe-l'œil, mais pour deux heures seulement, car il est dimanche, c'est son seul jour de liberté. Charles doit venir là prendre pour aller à la promenade; il n'aime pas que le dimanche on refuse de sortir avec lui. Fanny rapportera le pardessus; elle en atteste la terre et le ciel.

A midi, Charles arrive, il propose d'aller au Musée voir les tableaux, c'est le dernier dimanche, l'exposition va fermer. Léontine n'est pas encore prête, elle attend son pardessus. A deux heures, à quatre heures, à six heures, Fanny n'est pas revenue. Elle ne reviendra peut-être jamais.

Charles presse Léontine de sortir au moins pour aller diner, il la conduira chez un restaurateur du Palais-Royal, c'est bien tentant; Léontine a faim. Dans sa vie les bons repas sont rares, un dîner à trente-deux sous c'est pour elle un festin de Balthazar, et à quarante sous c'est un banquet de Sardanapale. Léontine examine et manie toutes les parures usées, toutes les friperies hors de combat dont, les années précédentes, elle couvrait ses épaules; vieux manteau, camail éraillé, passé de mode, dont on ferait tout au plus un capuchon pour les prochains bals de l'Opéra; elle arrête enfin ses regards sur un châle français, tout effilé, qui a coûté 60 fr. dans son jeune âge, mais qui laisse aujourd'hui passer le jour en plus d'un endroit. Léontine essaie un instant ce châle, puis le rejette avec dégoût; l'appétit finit par l'emporter, on ira chez le restaurateur, on couvrira ses épaules de cet affreux lambeau, mais à condition qu'on ne sortira qu'après la nuit tombée. Défiler sous les yeux des passants avec un pareil châle, c'est affronter les fourches caudines. Léontine croit que tout Paris l'attend pour l'examiner, que pour elle vingt lorgnettes sont braquées au coin de chaque rue, qu'il y a de son hôtel au Palais-Royal des embuscades de lorgnons, de binocles et de télescopes; elle-même, d'ailleurs, elle rougit de se voir affublée ainsi; comme l'hermine, elle mourrait d'une tache sur sa robe; le contact d'une guenille la fait frissonner.

Elle n'aspire pas au luxe et sait borner ses vœux, mais elle veut être élégante et propre. Nous ne lui reprochons pas cette délicatesse qu'on applaudirait chez une dame du monde et sans laquelle Léontine ne serait pas femme, c'est chez elle un charme de plus.

De midi à six heures, Charles reste dans la chambre de Léontine. On joue à la bataille, puis on tire les cartes; comme la lorette, comme la grisette, comme toutes les femmes, l'ouvrière est superstitieuse; elle attache une grande importance en tirant les cartes, à l'apparition du roi qui apporte des trésors, ou du jeune homme blond qui propose humblement *la bagatelle*. La crédulité féminine est de tous les siècles. Voyez dans Térence, dans Aristophane, dans les *poëtes mineurs* de l'antiquité quelles étaient les mœurs des lorettes grecques et latines.

Léontine croit aux pressentiments ; elle aime à raconter ses rêves, mais pas avant d'avoir déjeuné, cela porte malheur ; chaque jour elle attend la mort de son père depuis qu'en songe, elle l'a vu malade.

Si l'on a observé les faits magnétiques, on rira moins des croyances de Léontine. Il peut y avoir du vrai dans tout cela ; peut-être un jour le genre humain, convaincu de la réalité de ces faits qu'on appelle aujourd'ui surnaturels, reconnaissant leur importance dans le mécanisme universel, saura-t-il gré à la femme d'avoir été crédule, d'avoir protesté contre le scepticisme en faveur du merveilleux et d'avoir gardé fidèlement les clefs du royaume fantastique. — (Exemples : les succès de Mme Delouche.)

A six heures, le soleil se couche ; les becs de gaz s'illuminent ; léontine, enveloppée dans son vieux châle, se glisse hors de son hôtel et file jusqu'au Palais-Royal, en longeant les murs. Pourquoi son amant, allez-vous dire, ne lui offre-t-il pas, pour parer ses épaules, une nouvelle draperie ? Il ne lui en coûterait pas cher. Au *Siége de Corinthe*, rue de la Chaussée-d'Antin, on trouve des châles en crêpe de Chine pour quarante francs, des châles de laine blanche, croisés de larges bandes de soie pour vingt-trois francs, des écharpes blanches très-mettables, en étoffe qualifiée cachemire d'Écosse, pour huit francs, etc.—Je vous comprends, mais si Charles ne s'est pas marié jusqu'ici, c'est qu'il n'a pas de position, c'est-à-dire pas d'argent, et qu'il ne pourrait pas loger, nourrir, vêtir une jeune fille *du monde* ; pour une ouvrière il est plus riche, parce que l'ouvrière est moins exigeante, mais l'ami de Léontine n'est pas un Crésus. N'a-t-il pas à payer le loyer mensuel de 22 francs ? Cette robe, cette capote qu'on porte aujourd'hui sans voile parce qu'elle est neuve , et qu'on couvrira dans quinze jours d'une voilette de quarante sous destinée à se transformer en fanchon, voilà ce qui vous repré- sente le suprême effort financier de Charles En deux mois il a jeté les fondements d'une toilette mettable, il faut du temps pour couronner l'édifice ; il faut du temps attendu que Léontine est une fille rangée et que jamais elle ne prend de plusieurs mains à la fois.

Le lundi , notre ouvrière quitte sa parure , elle se rend avec un cabas dans un atelier où l'on confectionne des bonnets ; elle travaillera depuis midi jusqu'à sept heures ; c'est peu, direz-vous ; mais quand Léontine tra- vaille plus, elle cesse d'y voir clair, des larmes vien- nent au bord de sa paupière, sa poitrine souffre ; les yeux creux et cernés de cette jeune fille, son teint pâle, rendu plus pâle encore par l'étroit ruban de velours noir qu'elle porte en ferronnière, et qui fait deux fois le tour de sa tête , composent peut-être un ensemble intéressant et poétique, mais n'indiquent pas une forte santé. Toutefois, comme à ce métier Léontine ne gagne par jour que quinze sous, comme elle brûle du bois et du charbon, que la blanchisseuse arrive à la fin de cha- que semaine avec une note inexorable, Léontine veut gagner vingt-cinq sous; elle veut mourir de fatigue, plutôt que de faim et périr l'aiguille à la main sur le champ de bataille industriel.

Bientôt elle trouve une couturière en robes peu ré- pandue , faiblement au courant des modes, mais qui semble honnête et qui demande une ouvrière On ira travailler dans une petite boutique, depuis sept heures du matin jusqu'à huit heures du soir, treize heures seu- lement ; il n'y aura jamais de morte saison. la maîtresse en répond ; les forces manqueront à l'ouvrière plutôt que la besogne.

Chaque matin Léontine se lève à six heures prend à la hâte un café mal préparé, emporte quelques provi- sions peu saines et la voilà sur un siége dur, courbée sur elle-même se fatiguant la vue à réparer des robes blanches ; les yeux lui pleurent, elle continue ; sa poitrine gémit, elle va toujours; le soir elle rentre harassée, s'improvise un chétive nourriture ; elle recommence le lendemain, toujours ainsi pendant dix jours. Il y a des ouvrières qui traînent ce boulet des années, qui le traînent jusqu'à mort.

Celles-là sont constituées mieux que Léontine qui n'y dure pas ; le dixième jour elle est excédée, malade, c'est un samedi soir, elle espère du moins qu'on la payera. — Sa maîtresse n'a pas d'argent. — Tel est le malheureux sort des ouvrières ; non-seulement elles doivent s'exténuer pour un salaire mesquin, ridicule, mais ce salaire lui-même on ne le paye pas toujours ; le magasin peut faire banqueroute ou bien imposer des délais qui tuent.

Léontine est décidément malade, il faut qu'elle suspende le travail, que même elle achète des médicaments ; l'hôpital lui fait horreur. Charles peut venir à son secours, mais son caractère est irritable et susceptible. A chaque instant il se croit joué, il est prêt à tout rompre ; lorsqu'il vient passer la soirée chez Léontine, s'il la trouvait absente il lui écrirait une lettre d'adieux éternels avant de s'informer, avant de savoir qu'elle était ce soir-là même au chevet d'une amie expirante.

Aussi Léontine vit-elle dans l'inquiétude ; elle n'ose pas sonder son avenir, c'est un précipice. Elle ne se tuera pas, mais elle se soucie peu de la vie ; malade elle néglige de se traiter, traversant le boulevard au milieu des voitures elle ne jette pas un regard à droite ni à gauche pour éviter d'être écrasée, quand elle se penche à sa fenêtre c'est avec une imprudence qui épouvante les spectateurs, il faut la retenir par le pied.

Léontine est malheureuse n'est-ce pas ? c'est pourtant une honorable nature. Elle ne sait pas mentir ; rien de plus rigide que sa probité : montre, chaîne d'or, brillants, argent, malgré sa misère, vous pourriez lui confier tout sans crainte ; elle travaille dans la mesure de ses forces, de sa santé, et dépasse quelquefois cette limite. Cependant elle ne peut pas vivre.

Dans le même hôtel garni, montez un étage, arrivez au septième, entrez chez Sophie, et par comparaison Léontine va vous paraître heureuse.

Sophie est grande, robuste, elle a l'œil vif, intelligent; naguère son teint frais et clair, ses cheveux blonds qui pendaient en longs anneaux lui donnaient l'air d'une belle anglaise, mais voilà plusieurs années qu'elle est couturière en robes ; elle a passé sous la roue du travail. Cette roue dentée lui a ôté la force et la beauté ; elle a perdu ses cheveux, son teint noircit chaque jour et son visage se tire. Elle a pour amant un jeune mécanicien qui ne peut venir que rarement à son aide et qui ne lui fournit pas régulièrement les vingt francs de son loyer. La plupart du temps (plaignez-les tous deux) il ne lui donne pas, il *lui prête*.

A la fin de l'hiver, six semaines avant le printemps, lorsque la fabrication des robes chômait complétement, que Sophie était sans ouvrage, son existence était un mystère pour moi. Elle ne gagnait pas d'argent ; que mangeait-elle ? Je sais qu'elle s'est passée de dîner plus d'un jour, mais l'abstinence est une ressource bientôt épuisée. Dans le plus grand froid, Sophie ne se chauffait pas, ou bien elle descendait grelottante pour faire une station de quelques minutes au foyer de Léontine. Sophie possédait un linge insuffisant, une seule et unique robe. Elle mettait pour sortir un chapeau vert, digne de l'âne savant, un crispin de grosse étoffe noire ; jamais de gants.

Dans les rues, sa jeunesse et son étrange mise la faisaient remarquer, l'exposaient à des importunités, à des persécutions que je ne détaillerai pas.

Depuis les premiers jours de printemps, les commandes abondent chez les couturières ; Sophie est entrée dans un atelier qui emploie quinze ou seize femmes ; Sophie est habile, active, on lui donne trente-cinq sous par jour et quatre ouvrières à diriger. C'est bien beau ; mais, on faisait crédit à Sophie pendant la morte-saison ; elle a des dettes à payer, et puis, calculez donc, voyez s'il est bien facile de se suffire avec trente-cinq sous par jour. Les dimanches, d'ailleurs, on n'est pas payé et l'on mange double.

Sophie etait heureusement douée par la nature. Elle avait assez d'âme et de mémoire pour embrasser la carrière théâtrale avec succès. Son port majestueux, ses bras bien modelés n'auraient pas fait tache dans une tragédie, fût-elle de M. Ponroy, de M. de Saint-Ybars ou de M. Fleury, dont le portefeuille est si bien garni d'œuvres dramatiques.

Dans la couture, Sophie est une véritable artiste. On est ému de l'enthousiasme avec lequel elle parle de son travail, des robes qui sortent de son magasin, brochées, brodées, garnies de croix de Malte en passementerie, de ces robes dont la façon vaut quarante francs, de ces chefs-d'œuvre devant lesquels il faudrait se mettre à genoux.

J'en veux à notre société de ne pas mieux apprécier, utiliser, récompenser tant de goût et d'ardeur ; je lui en veux, d'épuiser et d'abattre par degrés une nature aussi vigoureusement trempée au physique et au moral que celle de Sophie, car voici qu'elle se décourage, que les bras lui tombent, qu'elle pleure.

Elle avait pourtant de l'entrain, de la gaieté en surabondance, assez pour remettre en belle humeur un atelier démoralisé ; ses penchants, c'était le goût des violents exercices, des exercices mâles : l'équitation, la navigation fluviale. Elle aime à rappeler comment, en des jours plus heureux, elle a fendu, sur un cheval noir, la poussière du Bois de Boulogne ; comment, en costume de marin d'eau douce, elle a guidé plus d'un canot sur la Seine ; tout en parlant, elle prend volontiers l'attitude d'une polkeuse, elle va danser Adressez-lui une proposition qui lui déplaise, elle répondra *du flan*. Sophie est une de ces ouvrières qui font des niches, qui aiment à *grincher* dans leur magasin du fil, des aiguilles, des garnitures, sauf à rendre le tout quand on aura un peu cherché. Elle est de celles qui font par derrière des grimaces à la maîtresse comme à la première demoiselle, et qui rendait aux autres le temps plus court, le travail moins rude en les faisant rire.

A six heures du matin, Sophie est au travail ; à neuf heures du soir seulement on la rend libre ; c'est une tâche de quinze heures. La journée ne se passe pas sans quelques distractions, l'étude d'un notaire est située en face du magasin. D'abord les clercs faisaient à la croisée mille singeries, pour exciter l'attention des ouvrières ; ils envoyaient des baisers, que ces demoiselles se faisaient passer derrière la tête, en signe de dédain ; mais, dans l'intérêt des mœurs et surtout de la besogne, la maîtresse a dépoli ses carreaux. On sort de temps en temps, quand la faim presse, pour acheter des gâteaux de deux sous, chez le pâtissier voisin ; il suffit de traverser la rue, c'est une partie qu'on fait en bande, sans bonnet le plus souvent ; aussi attire-t-on l'attention des passants, surtout des *vieux*, qui veulent absolument payer la consommation de ces demoiselles.

L'arrivée d'un *calicot*, député par son magasin comme ambassadeur, est encore un incident qui varie agréablement la journée. Seul, au milieu de quinze femmes, il a le sort du hibou houspillé par les oiseaux de jour, ou d'Orphée, tiraillé par les bacchantes ; malgré tout cela, le fond de la journée est bien fatigant, bien ennuyeux. Sophie s'exténue, elle a pourtant un siége à dossier. Que deviendront les plus jeunes ouvrières qui travaillent aussi quinze heures, mais juchées sur des tabourets ?

Deux mois de ce travail ont profondément altéré le visage de Sophie, son moral aussi. Elle qui chantait en hiver pour s'échauffer quand elle n'avait pas de feu, elle chante maintenant beaucoup moins ; c'est qu'elle a juste, bien juste de quoi payer son loyer, sa nourriture, son blanchissage, il ne lui reste rien pour combler les lacunes de son triste habillement. La semaine

7

dernière, après avoir acheté un vêtement tout à fait indispensable, elle s'est vue sans pain; Sophie n'a qu'un parti à prendre; elle ne mange pas et continue à travailler; elle pâlit d'abord, puis les couleurs lui reviennent, c'est qu'elle a la fièvre, une fièvre constante qui lui rend son énergie; maintenant elle monte et descend son escalier rapidement; continuellement surexcitée, elle n'a plus besoin de manger; l'habitude en est perdue. Elle persiste, elle reste attachée à la glèbe : le repos, les bains, les traitements, tout lui est impossible, tout fait perdre le temps et coûte trop cher; à la fièvre se joignent les névralgies. Sophie souffre comme si on lui arrachait à la fois toutes les dents. Décidément on ne peut plus travailler. Que fera-t-on pour vivre ?

Les hommes d'État ne s'occupent pas de ces questions, mais les malheureux s'en occupent. Entre eux, ils se secourent et se plaignent. Un soir que Sophie rentrait dans sa mansarde et se disposait à se coucher :
—Vous ne mangez donc pas, lui dit Léontine. -- Je n'ai pas faim, répond fièrement Sophie, puis ne pouvant soutenir ce mensonge, désolée de se sentir affamée, après avoir travaillé au delà de ses forces, de ne pas même être nourrie par ce vampire industriel qui l'épuise, elle détourne la tête et fond en pleurs.

Léontine descend précipitamment, trouve dans sa modeste armoire un débris de pain, un morceau de viande, un verre de vin, dépose le tout devant Sophie, et ces deux femmes pleurent ensemble. Elles ne peuvent que pleurer sur leur commune détresse, mais il y a des puissances qui pourraient la soulager, la faire disparaître et qui le doivent. On parle, depuis assez longtemps, de l'organisation du travail. Pourquoi le pouvoir est il seul à ne pas s'en occuper ?

J'ai dépeint la situation de deux femmes qui existent comme individus, qui existent aussi comme catégorie ; ce n'est pas seulement de Léontine et de Sophie qu'il s'agit ici, c'est de l'ouvrière, c'est de la population laborieuse.

CONCLUSION GÉNÉRALE.

Quand on le compare à la *soirée dansante* du bourgeois, le bal public, par son ampleur et son luxe, nous donne un avant-goût des merveilles que peut réaliser l'association par sa verve, par son entrain; il proteste contre la froideur hypocrite, la réserve ennuyeuse des bals du bon ton.

Voilà le bien.

Mais quelles sont les danseuses qui viennent s'étourdir dans les bals publics ? De malheureuses femmes qui sacrifient leur dignité sans trouver le bien-être. On croit pouvoir se dispenser de toute charité à leur égard, quand on a prononcé ces paroles sacramentelles : pourquoi ne travaillent-elles pas? Le tableau que nous avons présenté, du sort de l'ouvrière la plus laborieuse, prouve que cette réponse ne décharge pas les philosophes, les publicistes, les administrateurs, les hommes d'Etat, de tous leurs devoirs envers les femmes de la classe pauvre. L'ouvrière, qui n'est pas subventionnée par sa famille, est malheureuse aussi, et, malgré ses efforts, elle ne recouvre pas sa dignité, sa liberté tout entière ; car elle ne peut pas donner gratuitement son amour. A la lorette, qui répudie complétement le travail à la grisette, ouvrière intermittente, à ces êtres qui

aspirent au beau, dont les fantaisies, dont les caprices sont destinés à introduire la vie et le mouvement dans le monde de l'art, il est peu charitable, il est peu chrétien de dire :« Vos souffrances sont la juste punition
« de votre faiblesse. Il fallait s'astreindre à faire, dans
« une boutique, un apprentissage gratuit pendant plus
« d'une année, à gagner ensuite 20, 25, 30 sous par
« jour ; vous auriez habité de froids greniers, que la
« pluie traverse ; vous auriez tenu l'aiguille quinze
« heures par jour ; toute élégance dans le mobilier,
« toute coquetterie dans l'ajustement vous auraient été
« refusées ; jamais, presque jamais, le théâtre, le bal
« ne se seraient ouverts pour vous, et vos âmes, qui ont
« soif de lumière, de musique, de doux propos, n'au-
« raient jamais été rassasiées. Il aurait fallu grelotter
« en hiver, une maigre chaufferette sous les pieds, vivre
« d'une tasse de café et de quelques pommes. Il aurait
« fallu perdre les yeux de bonne heure dans les travaux
« microscopiques des reprisages, de la broderie, sauf à
« mendier quand on n'y verrait plus clair. »
Voilà ce que des philosophes bien vêtus, bien nourris, qui ne se refusent jamais un seul caprice, conseillent gravement du coin de leur feu, à des femmes, à des enfants de dix - sept et de dix - huit ans. — On leur objecte les difficultés d'une pareille existence ; on leur demande s'ils n'ont aucune pitié pour celles qui ne peuvent s'y résigner, et que l'attrait du plaisir domine ; ils répondent : « Pourquoi manquent-elles de force,
« d'énergie, d'*encrateïa*, suivant l'expression de Socrate
« et du divin Platon ? Le devoir de l'âme humaine est
« de lutter contre les difficultés, de se conserver chaste
« et probe, en dépit des circonstances, de rester debout
« alors même que le sentier de l'honneur est le plus
« glissant. Voilà le drame de la vie. Dieu, du haut de
« son trône, tend des palmes à ceux qui persévèrent,
« et réprouve ceux qui tombent. »
Il est curieux d'entendre comme ces gens blasphé-

ment Dieu, et quelle absurde image ils se créent de la Providence éternelle! Vous connaissez cette scène qui termine le roman de *Notre-Dame de Paris*, alors que l'archidiacre Claude Frollo, précipité du haut des tours de l'église, s'accroche de ses deux mains et reste suspendu par sa soutane à une gouttière, qui fait saillie sur l'abîme. Eh bien! pour certains philosophes, nous sommes tous autant de Claude Frollo suspendus sur le mal, sur l'abîme de la dépravation. Tomberons-nous, ne tomberons-nous pas? Voilà le problème. Ainsi que Quasimodo, dressant la tête au-dessus des balustrades de la tour, contemple d'un œil sec l'agonie de l'archidiacre, un Dieu monstrueux, insensible aux souffrances des hommes, serait témoin de nos efforts désespérés, et compterait combien d'êtres humains tombent, combien sont retenus dans les airs; — c'est absurde et impie! — Oui, Dieu veut que l'individu combatte le mal ; qu'il garde, autant que possible, sa pureté, sa liberté, sa fierté dans les situations les plus critiques; Dieu veut qu'on lutte contre la tentation, mais il veut aussi que la tentation disparaisse; en créant les philosophes, les publicistes, les hommes d'Etat, les législateurs, il leur a donné mission d'organiser l'association et d'apporter un terme aux efforts, aux angoisses des individus, en venant avec des échelles, avec des escaliers, avec de solides échafaudages, au secours de tous ces êtres en péril. Mettons fin à ce triste combat contre les suggestions de la misère, qui épuise les forces de chacun, sans profit pour la société ; quand une honnête aisance sera garantie à tous, quand on n'aura plus besoin de se roidir et de faire acte d'énergie pour ne pas vendre les choses saintes, l'homme son vote, son influence ou sa plume, la femme sa beauté, croyez-vous que la volonté de l'individu restera sans exercice, que sa puissance manquera d'emploi?..... C'est alors seulement que son action providentielle pourra s'accomplir, c'est alors que, déployant toute notre énergie, toutes les forces du corps et de l'âme, nous réaliserons le règne de l'humanité sur la nature, l'unité politique et sociale du globe, la parfaite correspondance de l'homme avec Dieu.

Ne nous amusons plus, c'est un passe-temps indigne et barbare, à supputer combien il faut de temps, combien d'efforts, combien de pleurs à une jeune fille honnête, assiégée par les séductions, stimulée par l'indigence, pour devenir un objet de mépris. Ce spectacle est affreux; il ne réjouit pas plus les yeux du Créateur que les pestes, les famines, les guerres dont notre globe est encore affligé.

Ce qu'il s'agit de garantir à la femme pour la racheter du mal, ce n'est pas seulement un pain grossier; un peu de luxe fait partie de son nécessaire. Les moralistes auront pleine autorité pour conseiller le travail lorsqu'il sera moins écrasant et moins stérile pour celles qui y ont l'héroïsme d'y rester soumises. Pourquoi la journée de la femme est-elle si longue et si mal rétribuée? c'est qu'aux dépens de ce travail vit une population parasite de marchands, d'étalagistes, d'intermédiaires de toute sorte et toute qualité; c'est, que le bonnet dont la maîtresse d'atelier paye la façon 25 centimes à l'ouvrière, est vendu 2 fr. 50 c. aux boutiquiers qui le revendront trois francs au public. C'est le travailleur, avant tout, que doit enrichir la valeur créée par le travail. Il est injuste que les deux sexes soient ainsi dîmés, l'ouvrier par le tâcheron, l'ouvrière par la confectionneuse. La facile mission de distribuer l'ouvrage et de le recueillir est remplie aujourd'hui par un état-major trop nombreux, trop exigeant, qui se paye trop largement sa peine.

Nous en appelons à la classe riche, aux grandes dames qui voudront sans doute faire un effort pour racheter la partie déshéritée de leur sexe de la misère et de la dégradation.

Qu'elles s'organisent en société pour recevoir les

commandes de mode et de lingerie, pour enregistrer les ouvrières, pour leur distribuer la tâche et leur remettre intégralement, sauf la valeur des étoffes, le prix payé par le public, et toute une classe d'opprimées sera tirée du fond de l'abîme (1).

Une pareille mesure aurait besoin d'être complétée par d'autres ; ce qui serait fait pour la lingerie, pour les modes, il faudrait le réaliser dans toutes les branches du travail féminin ; ce ne serait pas encore assez, car ces branches ne sont pas assez nombreuses pour nourrir le sexe entier. La femme est admise à l'exercice de trop peu d'industries pour qu'elle puisse vivre en travaillant. Il faut lui restituer toutes les branches d'activité que la Providence lui avaient dévolues, toutes celles qui n'exigent pas une grande force physique, culture des fleurs, soin du potager, du verger, orchestre ou trop d'instruments lui sont interdits, bureaucratie, commerce de détail, couture en tous genres ; alors le sexe masculin qui obstrue ces voies, qui envahit, par paresse, un grand nombre de ces fonctions faciles, se verra rejeté vers ses travaux naturels, vers les fonctions assorties à son énergie et qu'il néglige : desséchement des marais, défrichement des terres incultes, endigage des fleuves, reboisement des montagnes nues, gestion des eaux et des forêts en tous sens. L'incurie de l'homme à cet égard lui est assez vivement signalée par les inondations, par le tarissement des sources, par les désordres climatériques, pour qu'il remplisse enfin son devoir et cesse d'usurper la mission des femmes.

Améliorer le sort de la femme, c'est donc organiser le travail pour elle et pour l'homme aussi, car les deux moitiés du genre humain sont solidaires.

Organisation intégrale du travail, tel est le problème

(1) M. Perreymond, qui s'est déjà distingué par ses travaux sur les chemins de fer et sur l'édilité parisienne, a développé cette idée dans une brochure actuellement sous presse.

qui se présente aujourd'hui partout, qu'on rencontre, même en rêvant, dans un bosquet du jardin Mabille. Soyons préoccupés de cette question, et demandons des conseils à *Charles Fourier* qui l'a pleinement résolue.

Si je pouvais décider quelques-uns de mes lecteurs à faire une intime connaissance avec les idées de ce grand penseur, je ne regretterais certes pas d'avoir publié mon petit livre.

Adieux au Lecteur.

Nous venons de parcourir les bals publics : nous y avons rencontré cette partie de la population féminine qui réunit deux conditions funestes : jeunesse et pauvreté. Dans cette classe, nous avons distingué plusieurs groupes qui s'éloignent progressivement du travail et forment une série graduée : ouvrière courageuse, mais épuisée ; grisette livrant au plaisir la moitié de son existence ; lorette ne vivant plus que de sa beauté, mais conservant la liberté de son choix et l'apparence du désintéressement : femme complétement perdue et numérotée dansla rue de Jérusalem.

Le passage de l'un de ces groupes à l'autre n'est que trop facile ; la femme jeune, belle et pauvre est placée aujourd'hui sur une pente fatale. En attendant qu'une transformation pacifique s'accomplisse dans la société, et que les conditions de la vie honnête et laborieuse deviennent moins dures, nous avons voulu développer dans les cœurs la miséricorde et la sympathie pour la fille du peuple, même pour celle qui tombe le plus bas : pour la fille sans nom, la vierge folle : celle que Madeleine protége spécialement du haut des cieux.

Celle-là gémit dans un abîme bien profond, dans une citerne aux parois glissants dont il est difficile de sortir. Dans son beau recueil des *Trois harmonies* un poëte, à l'âme évangélique, M. Constant, a désespéré de la rédemption sociale de cette femme. Il lui a conseillé de se résigner pour la vie, de se considérer comme le bouc-émissaire de la civilisation, d'accepter religieusement son malheur en expiation de ses fautes et des nôtres. Nous ne résistons pas au désir de faire entendre à nos lecteurs la parole grave et touchante du poëte.

LA FILLE SANS NOM.

Air : *Jeune Fille aux yeux noirs.*

Pauvre fille sans nom, triste Fleur-de-Marie,
Qui te rendra l'espoir et les pures amours ?
C'en est fait pour jamais, ta jeunesse est flétrie,
Et le monde à ses pieds te foulera toujours !
    Plus de mère,
    Rien sur terre ;
Plus de chaste amitié,
    Et personne
    Ne lui donne
Un regard de pitié !

Quand le soir, exposée aux affronts de la rue,
Tu marchandes l'outrage avec ta faible voix,
Oh ! dis-nous si ton âme aussi se prostitue,
Et si ton cœur espère un salut sur la croix ?
    Plus de mère , etc.

Quand le soleil tiédit les brises amoureuses,
Songes-tu quelquefois, sur ton lit profané,
Qu'il en éclaire aussi d'autres qui sont heureuses,
Et qui sur un sein pur bercent leur nouveau-né ?
Plus de mère, etc.

Jamais dans ton enfer la paix ne doit descendre,
Plus de terme à tes maux dévorés tour à tour !...
Et peut-être le ciel t'avait fait un cœur tendre,
Où la vertu facile eût épuré l'amour !
Plus de mère, etc.

Ton asile est la tombe, ô pauvre enfant proscrite !
Cache avec soin tes pleurs, feins de ne rien sentir.
Les pleurs n'ont plus d'espoir, et ce monde hypocrite,
Ami du crime heureux, insulte au repentir.
Plus de mère, etc.

Pour toi, pauvre maudite, est-il une autre vie ?
Si j'en crois ces arrêts émanés des autels,
Ta vie est un enfer d'un autre enfer suivie,
Et tes chagrins affreux seront seuls immortels.
Plus de mère, etc.

Mon cœur saigne pour toi quand je te vois sourire.
Sauve donc, ô mon Dieu, ton enfant qui se perd :
Son crime a devant toi les honneurs du martyre,
Et c'est être innocent que d'avoir tant souffert.
Plus de mère, etc.

Il n'est que trop vrai, dans les conditions sociales ac-
tuelles cette classe est condamnée au malheur ; il est
impossible de la sauver tout entière, de rendre toutes
les captives qui la composent à l'honneur et à la liberté !
Mais les temps de la régénération sociale approchent :
nous y touchons, si nous avons de l'intelligence et du
cœur. Provisoirement, les actes de charité individuelle
peuvent du moins arracher quelques victimes au génie
du mal. Souvent de pareils efforts aboutissent à des
déceptions, ainsi que nous l'avons indiqué dans le cou-

rant de ce petit livre, mais il est beau de les tenter, il est beau d'être touché, lorque du sein de l'abîme on entend sortir des plaintes comme celle que nous allons reproduire. Ne riez pas, lecteur, de l'étrange orthographe que nous conservons; l'absence de culture intellectuelle est, pour ces pauvres âmes, un titre de plus à la compassion.

Je me soumet atou se que vous voudré, car je sé qun homme com vou ne doi pas avoir de la mour pour un' femme qui est obligé de sabendoné aux premié venu. O croié que je sé ce que sest pénible, mais sous sette abie il ba un ceur comme un auxtre, quelque foi plu généreux que par mi les femme du gran monde. Dun' fem com moi on peux en fair un' onnête. Je ne fait que du tor à moi même; moi seul consentre tou reproche que lon me fait sentir...... vous me dite que jé perdu le moyen de me retiré de la triste posion ou je sui. Ma volonté été, par des personne charitable, je me muniré des premié besoin. Alor ma bon' volonté agira pour le reste. Vous seré encor assé bon que pour la seconcé et je seré bientot retiré de lesclavage ou je me sui plongé moi même, car de jour en jour je cen seque je soufre de me voir cumilié comme je la sui.

(Extrait de la correspondance d'une vierge-folle).

Lorsque le Christ envoya pour la première fois ses apôtres dans les différentes parties de la Judée, il leur dit : «Convoquez de nombreux moissonneurs pour la récolte de Dieu» Aujourd'hui encore on ne saurait convoquer trop d'ouvriers pour la moisson sociale ; les épis sont mûrs ; pauvres et riches, puissants et déshérités, que les membres de toutes les classes prennent la faucille et travaillent de bon accord dans le champ de Dieu.

FIN DES FILLES D'HÉRODIADE.

EXTRAIT

des

TROIS GRACES ou L'ASSOMPTION DE LA FEMME.

(Ouvrage sous presse.)

Tes mamelles sont plus belles que le vin.

Défiez-vous du vin lorsqu'il resplendit comme le cristal de la coupe ; car l'ivresse est au fond du verre, et l'ivresse conduit à l'engourdissement et à la mort.

Mais craignez davantage encore le sein blanc et palpitant de la femme lorsqu'il s'arrondit sous un voile léger, car l'ivresse des voluptés de l'amour est plus dangereuse que celle du vin.

Le vin ne nous enivrerait jamais si nous étions sages, mais il réjouirait et reconforterait nos cœurs.

Si la femme n'était pas esclave, son sein ne cacherait jamais de lâches délices et n'énerverait pas les hommes libres dans l'égoïsme des voluptés.

C'est ainsi que les choses les meilleures et les plus utiles sont maintenant dangereuses et nuisibles à l'homme qui ne sait pas s'en servir.

Dans notre pauvre société, qui se croit avancée, nous sommes encore des enfants qui jouons avec le feu et qui nous laissons tomber sur la pointe des couteaux.

Nous jetons nos perles et nous les foulons aux pieds pour nous amuser à construire de petits châteaux de boue.

Ainsi, entre nos mains, tout se perd et tout se flétrit.

Nous jetons de la boue sur les fleurs, et nous ne les trouvons plus belles ni embaumées.

Nous gâtons le cœur de la femme à force de la tromper et de nous jouer d'elle, et nous disons avec un rire stupide que la femme est un être immoral et sans cœur.

Nous profanons son beau sein par notre convoitise, sans songer que son sein est formé de deux mamelles, sources aimables de la vie, fontaines de l'amour maternel !

Nous en approchons nos lèvres pour y puiser l'ivresse des sens, sans nous souvenir qu'elles doivent, pour nos enfants, se gonfler d'un lait chaste et pur.

Malheur à vous qui croyez que la femme est faite pour votre plaisir.

Car vos baisers sont des morsures, et votre joie, en possédant la femme, est l'étourdissement de l'orgie ; vous buvez, comme Balthazar, un vin profane dans les vases sacrés du temple de Dieu : aussi une main écrit-elle votre arrêt sur vos têtes.

Mon Dieu, mon Dieu, prenez pitié ! n'abrégerez-vous pas les jours de notre passage ?

Vous nous avez donné du vin, et nous nous sommes abrutis dans l'ivresse ; vous nous avez donné le sein de la femme et nous nous sommes énervés dans des voluptés sans amour !

Seigneur faites croître sur notre terre la vigne de la fraternité ; faites que tous les cœurs se suspendent en grappes autour du cep humanitaire, et expriment, lorsqu'ils seront mûrs, le vin nouveau que le Christ doit boire avec nous dans le royaume de son père !

Alors on connaîtra ce que l'humanité tout entière peut enfanter d'amour ; et la femme pressant sa mamelle, en fera tomber une goutte de lait et dira : « Voici autant d'amour dans cette perle de mon sein que dans toute la grande cuve pleine du vin de l'amour de l'humanité. »

Car les mamelles de la femme sont plus fécondes que la vigne, plus pleines de délices que le raisin mûr, plus enivrantes d'amour que le vin le plus délicat et le plus parfumé.

Tes lèvres sont un rayon qui distille le miel.

Comme le miel entre les pétales d'une fleur, la douceur réside entre les lèvres de la femme.

Son souffle est un parfum qui rafraîchit les âmes son baiser est une couronne pour l'innocence, un pardon pour le repentir.

O femmes, mes sœurs, mes beaux anges bien-aimés ! respectez vos lèvres et ne les ouvrez plus au mensonge; ne les profanez pas par des rires impurs, ne les souillez pas du poison de la calomnie!

Tant que vous serez esclaves et que vous passerez souffrantes dans un monde qui ne vous rend pas justice, que vos soupirs montent vers le ciel du bord de vos lèvres encore sans tâche, et que vos paroles descendent sur la terre comme une rosée d'amour pour amollir les cœurs de ceux qui vous persécutent!

Et l'on finira par comprendre que l'on a crucifié Dieu une seconde fois en vous, et l'on tombera à genoux avec des yeux pleins de larmes, et, sous le baiser de vos lèvres, l'homme converti s'écriera : « La femme était vraiment la fille de Dieu ! »

N. B. Nous renvoyons les lecteurs de ce volume aux *Oiseaux de la Nuit*, complément indispensable des *Filles d'Hérodiade*.

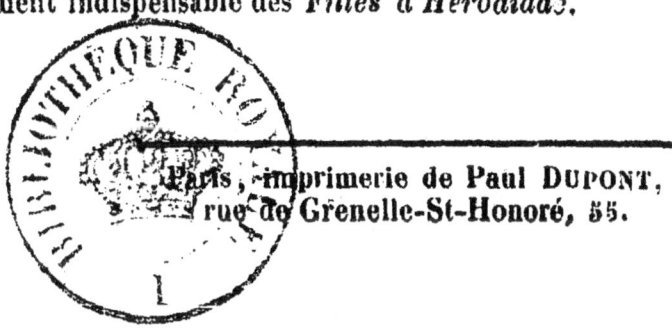

Paris, imprimerie de Paul DUPONT, rue de Grenelle-St-Honoré, 55.

GRÉTRY ET LA POLKA.

Si, d'après quelques-uns, Dieu est l'ennemi du plaisir, la masse qui, d'après un vieux proverbe, représente la sagesse de Dieu, nous prouve assez, par la part qu'elle prend aux nouveautés qui concourent aux plaisirs des sens, toutes les fois surtout que l'élégance en dissimule les amorces, que le plaisir est un don de la divinité même.—La *Polka*, par exemple, cette danse si anathématisée de nos jours, qui en a fait le succès? Est-ce une danse nouvelle?— Non, elle date, assure-t-on, des noces de Cana, et s'enfuit lorsque le vin l'emporta sur elle. Donc, qui l'a tirée de l'oubli après deux mille ans? On nous dit qu'en 1793 elle se déguisa sous le nom de *Carmagnole*, et fit sa seconde ou troisième apparition, car le *Fandango* est un de ses enfants; mais elle eut peur d'elle-même et de l'enthousiasme qu'elle inspirait à ses farouches sectateurs, et, semblable à sa sœur la Liberté, elle s'enfuit aux voûtes éthérées, d'où elle revient sous le patronage des professeurs Cellarius ou Grétry. N'importe si c'est à M. Grétry, mais s'il en était ainsi, nous nous expliquerions ce miracle en croyant à la providence reconnaissante qui, tôt ou tard, rend au fils le sceptre tombé des mains du père : le fameux Grétry n'est pas, à la vérité, le père du professeur dont nous parlons, mais il en est l'oncle ; nous souhaitons, nous qui ne sommes pas jaloux des quadrilles et des succès obtenus par ce professeur, nous souhaitons que le neveu marche sur les traces de son oncle, et que ce nom tant célèbre devienne pour lui, non-seulement une source de gloire et un modèle de goût, mais encore un moyen de fortune.

***

PARIS DANSANT ou les **FILLES D'HÉRODIADE**, folles Danseuses des Bals publics; première idée des **OISEAUX DE NUIT**.

EXTRAIT

DU

CATALOGUE DE LA LIBRAIRIE J. HETZEL.

Publications illustrées. — Livres de familles. — Lectures
et Récréations pour la ville et pour la campagne.

ÉTUDES DE MŒURS AU XIXᵉ SIÈCLE.

ŒUVRES CHOISIES DE GAVARNI.

50 c. la livraison renfermant 4 grandes vignettes.

10 fr. le vol. renfermant 80 grandes vignettes; par la poste, 12 fr.

LE DIABLE A PARIS.

2 vol. grand in-8° ornés de 200 grands dessins à part,

Avec légendes par GAVARNI, et de 600 vignettes par BERTALL.

PRIX : 30 FR.; PAR LA POSTE, 40 FR.

SCÈNES
DE LA VIE PRIVÉE ET PUBLIQUE
DES ANIMAUX.

Vignettes par GRANVILLE, 2 vol. grand in-8° ornés de 200
vignettes à part, 30 fr.; par la poste, 40 fr.

———————

HISTOIRE DES FRANÇAIS,

DEPUIS LE TEMPS DES GAULOIS JUSQU'EN 1830,

PAR THÉOPHILE LAVALLÉE;

2 magnifiques vol. grand in-8°, 30 fr.; par la poste, 40 fr.

———————

LA COMÉDIE HUMAINE.

Œuvres complètes

DE H. DE BALZAC.

15 vol. in-8° à 5 fr.; par la poste, 6 fr.

———————

PARIS DANS L'EAU,

PAR EUGÈNE BRIFFAUT.

1 vol, in-8° anglais. 120 vign. par BERTALL, 3 fr.; par la poste, 4 fr.

PARIS A TABLE,

PAR LE MÊME AUTEUR,

1 vol. in-8° anglais, illustré par BERTALL, 3 fr.; par la poste, 6 fr.

VOYAGE OU IL VOUS PLAIRA,

Par MM. TONY JOHANNOT, A. DE MUSSET et P.-J. STAHL,

1 vol. petit in-4°, orné de 63 grauds sujets et de nombreuses vignettes, 12 fr.; par la poste, 15 fr.

WERTHER,

Par GOETHE,

Traduit par PIERRE LEROUX,

Et accompagné d'un travail littéraire par G. SAND

10 eaux fortes dess. et grav. par T. JOHANNOT, 1 vol. grand in-8° 10 fr.; par la poste, 12.

En vente :

LA MÈRE DE DIEU, *épopée religieuse et humanitaire,* par l'abbé CONSTANT.

LES TROIS HARMONIES, ou *Chansons et Poésies,* par le même auteur.

Cet ouvrage se trouve chez MM. Fellens et Dufour, éditeurs de *l'Echo des Feuilletons,* publication mensuelle qui s'embellit chaque année et dont 50,000 abonnés, depuis 5 ans, constatent le succès européen. Ce sont ces mêmes éditeurs qui ont doté la librairie de ce magnifique *Siècle de Louis XIV,* dû à la plume d'Alexandre DUMAS, et illustré par les sommités de l'époque.

LES OISEAUX DE NUIT et LES FOLLES DANSEUSES DES BALS PUBLICS.

L'UNION OUVRIÈRE, par Mme Flora TRISTAN, 2e édition, augmentée de plusieurs lettres des célébrités contemporaines.

Sous presse :

L'ÉMANCIPATION DE LA FEMME, par Mme Flora TRISTAN, ouvrage revu et terminé sur les documents de l'auteur, par l'abbé CONSTANT.

L'ASSOMPTION DE LA FEMME, ou le *Livre des Trois Grâces,* par l'abbé CONSTANT.

L'ALMANACH DES ÉCOLES, 2e année, 1846.

On trouve à la Librairie sociétaire, rue de Seine, n° 10, les ouvrages de Fourier, de M. Considérant et ceux de ses principaux disciples, et l'Almanach phalanstérien pour 1846.

www.ingramcontent.com/pod-product-compliance
Lightning Source LLC
Chambersburg PA
CBHW071604220526

45469CB00003B/1110